Der Mosaik Verlag ist ein Unternehmen
der Verlagsgruppe Bertelsmann

© 1994 Mosaik Verlag GmbH, München / 5 4 3 2 1
Fotos: Peter Eising
Layout: Ada Forster
Umschlaggestaltung: Martina Eisele
Umschlagfotos: Peter Eising
Satz: Filmsatz Schröter GmbH, München
Reproduktion: Artilitho, Trento
Druck und Bindung: Alcione, Trento
Printed in Italy · ISBN 3-576-10287-6

REGINA CONRADT

MODEL MUGGING
SELBSTVERTEIDIGUNG FÜR FRAUEN

Die beste Art, es schnell zu lernen

- Reflexartige Reaktionen einüben
- Gezielte Abwehrtechniken anwenden
- Schmerzpunkte treffen
- 10 Strategien, den Gegner mattzusetzen

Nach einer Idee von Michael Kelm

MOSAIK VERLAG

INHALT

1
Vorab: Frauen müssen zur Selbstbehauptung ermuntert werden **7**
Über die Angst **8**
Aufruf zur Selbstverteidigung **9**
Gewalt gegen Frauen **12**
Wie ich zum Model Mugging kam **17**

2
Was ist Model Mugging? Begriffserklärung und Entstehungsgeschichte **23**
Model Mugging in Deutschland **24**
Mit den besten Empfehlungen **27**
Verteidigungsbereitschaft erlernen **28**

3
Die Notwendigkeit einer brauchbaren Methode der Selbstverteidigung **31**
Ursachen und Hintergründe weiblicher Hilf- und Wehrlosigkeit **32**
Die Unfähigkeit zur Gegenwehr überwinden **35**
Das Recht zur Selbstbehauptung **42**
Die juristische Seite der Notwehr **43**

4
Methodik des Model Mugging: Einstieg und Überbau **49**
Die Konfrontation **50**
Schmerzpunkte treffen **51**
Die Erwartungshaltung **54**
Trainingsvorschriften **55**
Wie funktioniert ein Reflex? **56**

5 Wie Model Mugging im Kurs gelehrt wird **59**
Der richtige Schienbeintritt nach vorn **60**
Der Schienbeintritt nach rückwärts **61**
Der Kniestoß **61**
Der Schlag auf die Ohren **62**
Ultimativ: Der Griff in die Augen **64**
Bodenübungen **66**
Der Beinschlag **69**
Der Abwurf **70**
Schwachstelle Augen **71**
Der Befreiungsschlag **72**
Konsequenzen **73**

6 Ablauf des Model-Mugging-Kurses mit dem Trainer **75**

7 Vorbereitung zum Trainieren des Model Mugging zu Hause **93**
Vertrauen in die Methode **93**
Learning by doing **95**
Wie Model Mugging wirkt – die psychologische Erklärung **97**

8 Zehn Verteidigungsschritte zum Selbsteinüben **103**

9 Was jetzt noch zu sagen wäre **131**

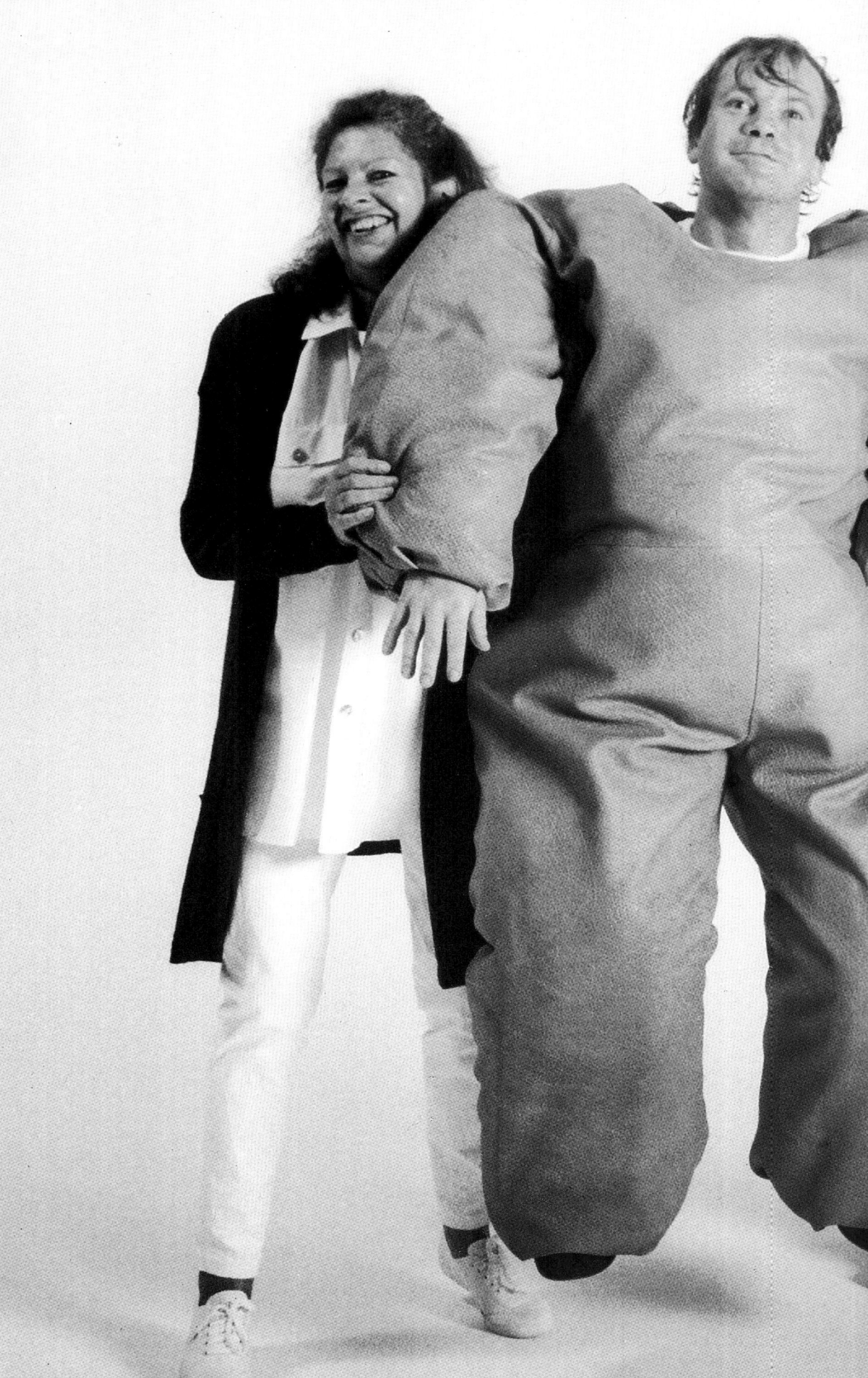

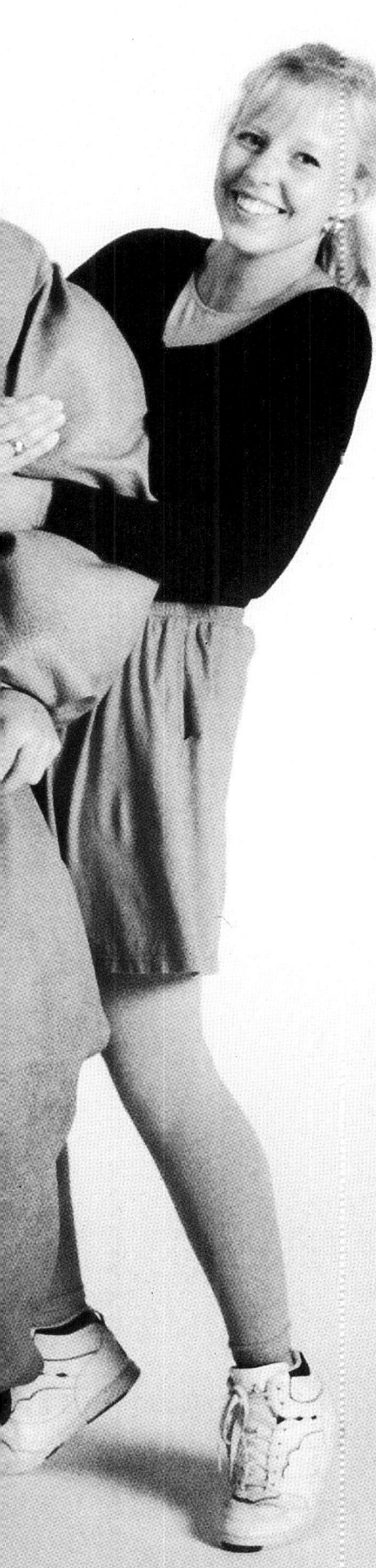

VORAB: FRAUEN MÜSSEN ZUR SELBSTBEHAUPTUNG ERMUNTERT WERDEN

1

MODEL MUGGING

ÜBER DIE ANGST

Angst sei eine »Farbe des Lebens«, behauptet der bekannte Psychoanalytiker Horst-Eberhard Richter. Und Angst sei zugleich Gefühl wie Wahrnehmung, Erleiden wie Antrieb, Rückzug oder soziale Anteilnahme, Feigheit oder Mut. Er selbst sei vom Thema Angst und Angstverarbeitung sein Leben lang nie losgekommen. In seinem Buch *Umgang mit Angst* geht es um alle möglichen Ängste – nicht zuletzt um Weltangst im allgemeinen und im besonderen. Daß die Medien immer versuchten, Angst als »minderwertig, schädlich, kläglich, lächerlich« zu diffamieren, würde kaum dazu beitragen, besser mit ihr umgehen zu lernen. »Je hartnäckiger Angst verleugnet wird, um so eher bahnt sie sich mit Hilfe undurchschaubarer Mechanismen schädliche Wege.« Er untersucht, wie Angst in unserem Leben entsteht und wie sie sich ausprägt. Und er betont die »heilvollen Reaktionen, die Angst auszulösen vermag«. Richters Credo für eine lebbare Zukunft: »Wer seine sensible, fürsorgende, liebende Angst nicht kraftvoll in Konflikten verteidigt, gerät in die Gefahr, die Entwertung, Verspottung oder Pathologisierung durch die verdrängenden Angepaßten der unbesorgten Okay-Gesellschaft zu verinnerlichen.«

Seine nicht minder berühmte Kollegin Margarete Mitscherlich beschäftigt sich in ihrem Buch *Müssen wir hassen* mit der »Angst vor der Angst« und dem Erleben unbewußter Gefahr. »Was Angst ist, wissen wir alle«, schreibt sie. »Oft ist es aber nicht die Angst vor einer in der äußeren Realität bestehenden Gefahr, die uns überfällt, sondern wir entwickeln eine Angst, die der Situation nicht entsprechend ist...«

Wie Richter geht es auch Mischerlich nicht darum, Angst generell abzuschaffen. Sie unterscheidet vier Arten des menschlichen Umgangs mit der Angst, eine davon läßt sich im positiven Sinn auf die Angst vor Gewalttätigkeit anwenden: »Es wird genügend Angst entwickelt, um sich effektiv auf eine potentielle Gefahr einzustellen. Angst wirkt dann als Gefahrensignal und als Stimulans: Angst macht erfinderisch.«

In bezug auf Selbstbehauptung und Verteidigungsbereitschaft von Frauen soll das heißen: Völlig angstfrei zu werden ist gar nicht erstrebenswert, da es dazu beitragen könnte, Gefahren zu übersehen. Dennoch gilt es, irrationale Angst abzubauen, um angesichts von Gefahr nicht in hilflose Panik zu verfallen, sondern erfinderisch mit den eingeübten Abwehrmechanismen umzugehen.

VORAB

AUFRUF ZUR SELBSTVERTEIDIGUNG

Beim Versuch, von den zuständigen öffentlichen Instanzen Stellungnahmen zur Notwendigkeit der Verteidigungsbereitschaft bei Frauen zu bekommen, bin ich auf der ganzen Linie gescheitert. Die hierarchischen Barrieren und wohl auch die Wahrung des Besitzstands in der jeweils eigenen Bearbeitung des Themas »Gewalt gegen Frauen« führten dazu, daß sich die Frauenbeauftragten und Gleichstellungsstellen für Frauen in mehreren Großstädten streng bedeckt hielten – meist mit der Behauptung, es sei ihnen nicht erlaubt, »offiziell« Stellung zu beziehen, wenn damit ein einzelnes Buch promotet werden könnte.

Worum ich eigentlich nur gebeten hatte, war ein grundsätzliches Statement, ob Verteidigungsbereitschaft und Gegenwehr gegen männliche Gewalt für Frauen als sinnvoll angesehen würden. Es ging also keineswegs um die Befürwortung des in meinem Buch beschriebenen Model-Mugging-Trainings, sondern vielmehr darum, all den zögernden und ängstlichen Frauen und Mädchen die Gewißheit zu verschaffen, daß die Opferrolle nicht schicksalhaft unumgänglich ist, sondern daß es verschiedene Methoden gibt, Selbstbehauptung zu erlernen. Und ich wollte klarstellen, daß Frauen erstens das Recht und zweitens auch die Chance haben, sich gegen männliche Übergriffe erfolgreich zu wehren. Selbstsicherheit und Selbstbewußtsein sind die besten Grundlagen für diese Selbstbehauptung.

Es geht darum, all den zögernden und ängstlichen Frauen und Mädchen die Gewißheit zu verschaffen, daß die Opferrolle nicht unumgänglich ist.

Diese Bestätigung möchte ich hier am Anfang des Buches all den Frauen geben, die immer noch zweifeln, nicht wie, sondern ob sie sich überhaupt zur Wehr setzen sollen.

Wie sich über das Informationsmaterial der »Frauenbehörden« herausstellte, bekräftigen sämtliche abgefragten Gleichstellungsstellen diese Voraussetzung in ihren Veröffentlichungen und auch in den von ihnen betriebenen Aktivitäten. In Berlin wird beispielsweise ein Schulversuch vorbereitet, der unter dem Titel »Selbstbehauptungstrainings- und Selbstverteidigungskurse für Mädchen an Berliner Schulen als Präventionsmaßnahme gegen Gewalt gegen Frauen« seit 1990 in der wissenschaftlichen Planungsphase steckt. Begleitet werden soll dieser Schulversuch interessanterweise durch ein Anti-Gewalt-Training für Jungen. Im Gutachten zum Mädchen-

MODEL MUGGING

Training heißt es nämlich: »Daß Gewaltverhalten, auch Gewalt an Schulen und besonders die gegen Mädchen, eng verwoben ist mit dem sozialen Konstrukt von Männlichkeit, wird gern – besonders von Männern – übersehen.«

Begründet wird die Notwendigkeit solcher Unterrichtsprogramme für Jungen damit, daß »die Bilder und Mythen von Männlichkeit, wie sie die Jungen in ihrem sozialen Umfeld und in den Medien (gerade im Hinblick auf ›heldenhaftes‹ gewalttätiges Handeln) erfahren«, kritisch reflektiert werden sollen. Auch ein verändertes Rollenbild der Mädchen, das nicht mehr von Schwäche und unterdrückter Aggressionsbereitschaft ausgeht, sondern von der natürlichen Selbstbehauptung, trägt von vornherein zum Gewaltabbau bei. Die Gleichstellungsstelle für Frauen der Landeshauptstadt München hat schon 1990 eine über vierzigseitige Dokumentation mit dem Titel »Selbstverteidigung trainieren« herausgebracht. Darin heißt es, daß Frauen in der Einübung der Selbstverteidigung möglicherweise unbequem werden können. Und es wird die Besorgnis geäußert, daß dieser neue Weg wieder von Männern vereinnahmt werden könnte. »Auch die Medien gehören den Strukturen an, in denen die Abwertung von Frauen sich immer noch vollzieht«, wird festgestellt, weswegen man bemüht ist, den Raum, in dem Frauen und Mädchen neue Wege ausprobieren, besonders zu schützen. Andererseits meint man, »... daß sich die Kurse auch nicht im geheimen vollziehen [sollten]. Frauen haben es nicht nötig, hinter vorgehaltener Hand von ihrem Weg zu berichten. Männer werden lernen, daß ihnen in der Öffentlichkeit und im privaten Bereich, am Tag und bei Dunkelheit, in der U-Bahn und auf freiem Feld andere Frauen entgegentreten, als sie sich bisher vorgestellt haben«. Und es wird die Ansicht vertreten, daß nicht nur die Frauen, sondern auch die Männer dabei viel zu gewinnen haben. Dieser Meinung bin ich auch. Und ich bin überzeugt, viele Frauen werden die Bestätigung bekommen, daß sich die Situation zwischen Männern und Frauen ganz sicher verbessert, wenn sie weniger Angst und mehr Selbstsicherheit empfinden, wenn sie bereit sind, sich zu behaupten, und genau wissen, daß sie die Mittel dazu haben.

Besonders gefreut hat mich, daß ich schließlich doch noch von offizieller Stelle eine Bestätigung für die Notwendigkeit der Selbstverteidigung bekommen habe: von der Beauftragten für Frauenfragen des Polizeipräsidiums München, Christine Steinherr. Die sehr aktive Kriminalhauptkommissarin macht sich in Handzetteln und Aufrufen ihrer Behörde immer wieder dafür stark, daß Frauen als nicht mehr so schwach angesehen werden. Ihr Statement lautet: »Pauschale Patentrezepte zur Frage des Verhaltens im Fall einer Belästigung oder eines Angriffs können sicher nicht angeboten werden. Dazu sind Tatörtlichkeit und Täterverhalten zu unterschiedlich und im vorhinein zu wenig kalkulierbar. Der tägliche Überblick über die tatsächliche Kriminalitätslage zu Gewalt gegen Frauen im Stadt- und Landkreis München bestätigt mir jedoch immer, daß passives Verhalten von Frauen

> **Ich bin überzeugt, daß sich die Situation zwischen Frauen und Männern verbessert, wenn wir lernen, weniger Angst und mehr Selbstsicherheit zu empfinden.**

für den Täter so einladend ist wie für den Dieb ein offenstehendes Fenster oder ein unversperrtes Auto – er hat kein Hindernis zu überwinden.

Kriminaltitätsbekämpfung bedeutet für mich, über die tatsächliche Kriminalitätslage aufzuklären, aber auch Selbstverteidigungs- und Selbstbehauptungskurse für Frauen zu empfehlen. Beim mentalen Training beginnen Frauen hier oftmals zu überlegen, welche Situation in ihrem persönlichen Umfeld gefährlich werden könnte. Unberechtigte Angstzonen können abgebaut werden. In Gedankenspielen können Wachheit und Wege des Selbstschutzes antrainiert werden. Der Überraschungseffekt im tatsächlichen Fall eines Angriffs kann reduziert werden. Aktive Tatabwehr (damit ist zum Beispiel auch das Einsetzen der Stimme gemeint) behindert den Täter; manch ein Angriff wird so im Versuchsstadium abgebrochen. Ein größeres Sicherheitsgefühl weckt Phantasien, welche alltäglich mitgeführten Gegenstände (Schirm, Tasche, Schlüssel usw.) im Ernstfall eingesetzt werden können. Hingegen bergen handelsübliche Verteidigungswaffen die Gefahr, daß sie vom Täter bemerkt und weggenommen werden oder daß sie eine Überreaktion auslösen. Ein abschreckendes Mitführen ist nicht sehr sinnvoll, sondern nur die wirkliche Einsatzbereitschaft.«

Frauen, die wissen, daß sie im Notfall die Power haben, sich erfolgreich gegen Übergriffe und Gewalt zu wehren, sind viel ruhiger und gelassener.

Allen Frauen, die sich zur Verteidigungsbereitschaft entschließen, gibt Christine Steinherr folgendes mit auf den Weg:

»Betrachten Sie ein Training positiv für mehr Selbstbewußtsein und Selbstsicherheit. Mit weniger Kriminalitätsfurcht entfernen Sie sich von der Opferrolle und beugen somit selbst vor. Damit haben Sie den Schutzmechanismus für Ihr offenes Fenster eingekauft, und das erschwert den Einbruch!«

Zum Schluß möchte ich noch einen Einwand entkräften, der merkwürdigerweise oft von sehr um die Sicherheit ihrer Frauen und Freundinnen besorgten Männern zu hören ist: Macht ihr durch die erhöhte Verteidigungsbereitschaft – also durch euren Aufruf zu mehr Aggressivität – Frauen nicht zu gewalttätigen und rabiaten Furien, die jeden Mann, der sie nur mal freundlich antippt, gleich zusammenschlagen?

Das Gegenteil ist der Fall: Frauen, die wissen, daß sie im Notfall die Power haben, sich erfolgreich gegen Übergriffe und Gewalt zu wehren, sind viel ruhiger, viel gelassener und strahlen schon von weitem das aus, was sie sind: nicht besonders ängstlich oder zimperlich, sondern selbstbewußt und durchaus fähig, Situationen richtig einzuschätzen. Gegen Gewalttätigkeit werden sie sich zur Wehr setzen, unangenehme Anmache werden sie zurückweisen, ehrliche Zuneigung werden sie sich gern gefallen lassen.

Dieses Buch zeigt einen Weg, unser weibliches Selbstverständnis um eine Dimension zu erweitern. Wir können es selbst in die Hand nehmen, die Geschlechterhierarchie zu eliminieren und die herrschenden Machtpositionen zu verändern, und zwar meist ohne die beim Model Mugging erlernten Verteidigungstechniken überhaupt einzusetzen – einfach durch unser Auftreten mit größerer Selbstsicherheit und mehr Selbstvertrauen.

MODEL MUGGING

Doris Burger
GEWALT GEGEN FRAUEN

Schlagzeilen machen nur die spektakulären Fälle: »35jährige von ihrem Ehemann erdrosselt«, »Taxifahrerin vergewaltigt und lebensgefährlich verletzt«.

Die überwiegende Zahl der Delikte findet sich nirgendwo wieder: Nicht die aggressive Anmache am Arbeitsplatz, nicht die obszönen Bemerkungen in der U-Bahn, das widerwärtige Gestammel am Telefon, das schnelle Begrabschen auf der Straße oder im Schwimmbad, die Schläge des Lebensgefährten, die von einem flüchtigen Bekannten aufgezwungene Nummer auf dem Autorücksitz. Solche Übergriffe werden hingenommen, verdrängt und verschwiegen.

Verläßliche Untersuchungen über das Ausmaß der Gewalt gegen Frauen gibt es nicht. Auch die Polizeistatistik zeigt nur die Spitze des Eisberges: die wenigen, massiven Fälle, in denen die Opfer Anzeige erstattet haben. 6280 Vergewaltigungen wurden beispielsweise 1991 im alten Bundesgebiet angezeigt und 4207 Fälle von sexueller Nötigung. Gezählt werden bei diesen »Straftaten gegen die sexuelle Selbstbestimmung« nur außereheliche Gewaltverbrechen. In der ehelichen Gemeinschaft kennt das Strafrecht bis heute weder sexuelle Nötigung noch Vergewaltigung.

Und nur etwa jeder vierte der rund 15 000 angezeigten Fälle landet auch vor dem Richter. Zunächst läßt sich nicht für jede Tat ein Täter finden. Bei den sogenannten überfallartigen Vergewaltigungen liegt die Aufklärungsquote bei knapp 50 Prozent. Wurde die Tat durch zwei oder mehrere Männer begangen, sind es sogar nur noch 32,6 Prozent.

Nimmt man alle angezeigten Vergewaltigungsfälle zusammen, werden etwa 70 Prozent aufgeklärt. Der relativ gute Schnitt entsteht durch den hohen Anteil sogenannter Beziehungstaten: In zwei von drei Fällen kannte das Opfer den Täter bereits. Die »Beziehung« kann allerdings sehr kurz gewesen sein; ein paar gemeinsame Stunden in der Diskothek oder Kneipe reichen aus. So werden die Vergewaltigungen auch überwiegend in einer Wohnung oder im Auto begangen, der unbekannte Täter im Park ist eher die Ausnahme. Selbst »Überfallstaten« werden oft in der Wohnung begangen, sozusagen im Vorbeigehen. Günther Kröger vom Landeskriminalamt Hamburg berichtet von einer wachsenden Zahl an Zufälligkeitsdelikten oder »Einstiegstaten«: Einbrecher vergewaltigen die anwesende Bewohnerin quasi nebenbei.

VORAB

Selbst wenn der oder die mutmaßlichen Täter bekannt sind, kommt es nicht immer zur Anklage. Viele Verfahren werden im Vorfeld eingestellt, andere im Laufe der Verhandlung. Der Grund liegt meist in der schwierigen Beweisführung: In der Regel gibt es weder Zeugen noch ausreichende Indizien, wie zum Beispiel eindeutige Verletzungen des Opfers. Aussage steht gegen Aussage. Der Geschlechtsverkehr wird vom Täter häufig nicht einmal bestritten; das Opfer hat zu beweisen, daß die Tat gegen seinen Willen geschah. »Nein sagen und sonst nichts, reicht nicht aus«, bestätigt auch Dr. Wiebke Steffen, Spezialistin beim bayerischen Landeskriminalamt in München. Die Täter und ihre Anwälte werden immer versuchen, die Glaubwürdigkeit der Opfer in Zweifel zu ziehen. Sei es durch Fragen nach dem Vorleben der Frauen oder nach der vorherigen »Beziehung« zwischen Täter und Opfer. Oft geht diese Strategie auf. Zur Verurteilung des Täters kommt es nur in jedem fünften angezeigten Fall.

Einiges hat sich während der letzten Jahre bei den Verfahren verbessert, vor allem durch die Einrichtung von speziell geschulten Sonderkommissionen der Staatsanwaltschaften. Außerdem haben die betroffenen Frauen das Recht, als Nebenklägerinnen (mit Anwältin) aufzutreten. Doch das Grunddilemma der Beweisführung bleibt. Unausrottbar scheint außerdem der Mythos von der Vergewaltigung als einem Sexualdelikt. Bei Befragungen von Vergewaltigern in den USA gaben selbst viele Täter zu, daß es nicht die sexuelle Entspannung war, die sie genossen haben: Vielmehr waren es das Gefühl der Überlegenheit gegenüber der Frau und die Lust an der eigenen Machtausübung. Vergewaltigung ist oft kein Sexualdelikt eines triebhaften Mannes, sondern ein Gewalt- und Unterwerfungsverbrechen. Das Beispiel dafür sind sicher die vergewaltigten Frauen im Jugoslawien-Krieg.

Vergewaltigung ist oft kein Sexualdelikt eines triebhaften Mannes, sondern ein Gewalt- und Unterwerfungsverbrechen als Zeichen der Machtausübung.

Dem alten Mythos sitzen auch Frauen auf. Sie fühlen sich mitverantwortlich, glauben, nicht vorsichtig genug gewesen zu sein, oder werfen sich vor, die Situation falsch eingeschätzt zu haben. Wie sonst läßt sich verstehen, daß immer wieder betont werden muß, beispielsweise in einer aktuellen Broschüre der Stadt Heidelberg: »Lassen Sie sich nicht verunsichern. Ganz unabhängig von Ihrem Verhalten, Ihrem Aussehen und der Situation, in der Sie sich befunden haben, Ihnen wurde Gewalt angetan, nicht Sie sind die Schuldige.

Vergewaltigung ist die extremste Form männlicher Machtdemonstration. Hinter jedem einzelnen Fall steckt die massive Verletzung einer Frau. Ein Angriff auf ihr Selbstbestimmungsrecht, ihre Integrität und Menschenwürde.

Ohne die Folgen für die Vergewaltigungsopfer verharmlosen zu wollen: Ein anderer Aspekt scheint noch wichtiger. Schlimmer als das, was tagtäglich wirklich passiert, ist die Angst aller Frauen vor dem, was passieren könnte. Das Gefühl der permanenten Bedrohung, das Frauen davon abhält, ihr Leben zu leben und selbstverständlich ihren Raum zu beanspruchen. Abends aus dem Haus zu gehen, wann, wohin und wie sie wollen. Ob zu

MODEL MUGGING

Fuß, mit dem Rad, dem Bus oder der Bahn. Während vor wenigen Jahren der Slogan »Frauen, erobert euch die Nacht zurück!« Mut und Kampfgeist signalisierte, scheint jetzt wieder der Rückzug angesagt.

Nach einer neuen repräsentativen Studie der Frauenzeitschrift »Brigitte« gehen mehr als die Hälfte aller Frauen im Dunkeln nicht allein aus dem Haus (Männer: 10 Prozent). 87 Prozent der Frauen machen lieber einen Umweg, als nachts durch Gegenden zu gehen, die ihnen bedrohlich erscheinen (Männer: 43 Prozent). 46 Prozent achten darauf, sich nicht zu auffällig zu kleiden, wenn sie unterwegs sind (Männer: 15 Prozent). Und 57 Prozent fahren nach Möglichkeit mit einem Taxi nach Hause, weil ihnen das sicherer ist (Männer: 26 Prozent).

Auch Dr. Wiebke Steffen vom LKA München berichtet von der Rückzugstendenz: »Selbst gestandene Frauen haben eine Angst, die mich geradezu erschüttert.« Frauen lassen sich eine Bewegungseinschränkung gefallen, die in keinem Verhältnis zur tatsächlichen Gefahr steht. Würden sie andere Bedrohungen nur halb so ernst nehmen, dürfte kaum noch eine Frau rauchen oder Auto fahren.

Das Vertrackte daran ist: Die Angst der Frauen ist die Macht der Männer! Diese Feststellung gilt nicht nur für die körperliche Gewalt, sondern für viele gesellschaftliche Bereiche, in denen sich Frauen einschränken lassen. Angst kann uns wachsam machen, uns Kraft zur Gegenwehr verleihen. Aber sie kann uns auch lähmen. Je mehr Angst wir haben, um so gefährdeter sind wir.

Ingeborg Müller, vom Hamburger Büro des Weißen Rings (Verein zur Unterstützung von Kriminalitätsopfern und zur Verhütung von Straftaten), auf die Frage, wie sich eine Frau in einer Gefahrensituation verhalten solle: »Auf alle Fälle keine Angst zeigen! Aufrecht gehen, hocherhobenen Hauptes... – Opfer von Überfällen, auch von Raubüberfällen, werden vor allem ängstliche Frauen, ältere Menschen, Behinderte. Eine entschlossen und selbstsicher wirkende Frau ist selbst im Mini abschreckender auf potentielle Täter als eine ängstliche in Hosen.«

Dr. Wiebke Steffen, München: »Wenn man eine Chance sieht, sollte man sich wehren. Tue ich nichts, passiert es auf jeden Fall. Wenn ich mich wehre, habe ich zumindest die Chance, daß er von mir abläßt.«

Birgit Kircheis, vom LKA Hamburg: »Wozu ist eine Frau in der Lage? Kann sie kräftig zutreten, zum Beispiel gezielt in die Geschlechtsteile? Hat sie die Entschlossenheit und die Aggression? Manche Täter lassen sich auch bequatschen. Man kann sie durch Totreden von der Tat abbringen.«

Grundsätzlich gilt: Zunächst einmal die Situation abschätzen: Was ist das für ein Typ? Hat er eine Waffe? Wo bin ich? Kann mich eventuell jemand hören? Was kann ich? Jede Gegenwehr macht nur Sinn, wenn sie sicher und entschlossen ausgeführt wird. Nicht zu vergessen: Die meisten Täter rechnen mit weiblicher Hilflosigkeit, nicht mit entschlossenem Widerstand. Durch den Überraschungseffekt einer Gegenwehr verbessern sich in aller Regel die Chancen.

> **Die Angst der Frauen ist die Macht der Männer! Das gilt nicht nur für körperliche Gewalt, sondern für viele gesellschaftliche Bereiche, in denen Frauen sich einschränken lassen.**

VORAB

Amerikanische Forschungen zur Selbstverteidigung haben gezeigt, daß eine Frau in 80 Prozent der Fälle entkommt, wenn sie schreit und sich zur Wehr setzt. Doch obwohl die Angst der Frauen vor der Nacht groß ist, haben, laut der oben zitierten »Brigitte«-Studie, nur sechs Prozent einen Selbstverteidigungskurs gemacht. Immerhin doppelt so viele tragen Tränengas oder eine Gaspistole bei sich. Meist sind die Verhaltensempfehlungen der Polizeiexperten bezogen auf den seltenen Fall des überraschenden Angriffs. Für die »Beziehungstaten« gelten sie nur noch bedingt. Was nützt lautes Schreien, wenn Sie in seiner Wohnung sind?

Gewalt fängt viel früher an. Zum Beispiel bei der sexuellen Belästigung, wo und wie auch immer: Ob durch plumpe Anmache, obszöne Gesten, Anstarren oder Betatschen. Ein solches Erlebnis hatte beinahe schon jede Frau. Eine Alltäglichkeit, die laut Gesetz übrigens kein eigener Strafbestand ist.
Gegen diese Form der Bedrohung sollte sich jede Frau zur Wehr setzen, und zwar so früh wie möglich.
Entsprechendes Selbstbewußtsein ist leider nicht angeboren, glücklicherweise aber trainierbar. Gut ist alles, was das Selbstbewußtsein stärkt. Das kann ein Rhetorikkurs sein, in dem Frauen lernen, laut und deutlich zu sagen, was Sache ist. Am Arbeitsplatz, zu Hause, in der Öffentlichkeit. Oder ein Selbstverteidigungskurs, der auch körperliche Abwehrtechniken vermittelt.

Gut sind aber auch folgende Empfehlungen:
◊ Nehmen Sie ganz bewußt mehr Raum ein. Machen Sie deutlich, daß Sie nicht bereit sind, Übergriffe und Machtgebaren von Männern zu akzeptieren. Wenn Sie angestarrt werden, starren Sie zurück. Sprechen Sie den Betreffenden mit lauter Stimme an, am besten so, daß es auch andere hören können.
◊ Macht sich einer zu breit, machen Sie sich nicht zum Ausgleich schmal. Veranlassen Sie ihn dazu, wegzurücken.
◊ Sollten Sie in eine Situation kommen, in der Sie belästigt werden und Hilfe benötigen, sprechen Sie Passanten oder Umstehende direkt an. Gehen Sie in ein Lokal, oder scheuen Sie sich nicht, an einer Privatklingel zu läuten.
◊ Und vor allem: Schauen Sie nicht weg, wenn eine andere Frau belästigt wird. Signalisieren Sie ihre Unterstützung. Greifen Sie, wenn nötig, ein.
Viele Attacken lassen sich einfach durch die Präsenz anderer Menschen vermeiden. Schaffen Sie diese Präsenz. Manche Leute brauchen einfach eine klare Aufforderung, sie müssen wissen, daß eine aktuelle Auseinandersetzung nicht ihre »Privatangelegenheit« ist, sondern gegen ihren Willen geschieht.

MODEL MUGGING

Neben der individuellen Stärkung durch Selbstverteidigungskurse und Selbstbehauptungstraining gehen zahlreiche Frauengruppen einen zweiten Weg. Sie fordern eine Umgestaltung der Stadtlandschaft. Es ist schließlich nicht einzusehen, daß FußgängerInnen in den Untergrund abgedrängt werden, während Autofahrer gut beleuchtete Straßen und die »Grüne Welle« haben.

Konkrete Forderungen zum Beispiel vom »Verein für Frauenbildung und Frauenkultur« in Trier:
◇ Überprüfung der Straßenbeleuchtung; die Beleuchtung muß sich vorwiegend an den FußgängerInnen orientieren
◇ Randbepflanzungen müssen regelmäßig zurückgeschnitten werden
◇ Schließung von Unterführungen (zumindest nachts) und Wiedereinführung von Ampeln
◇ Polizeistreifen zu Fuß abends und nachts, insbesondere im Innenstadtbereich
◇ Einrichtungen von Notrufsäulen in der Nähe der von Frauen als gefährlich empfundenen Orte (zum Beispiel wenig belebte Bushaltestellen)
◇ Verbesserung des öffentlichen Nahverkehrs durch die Erweiterung der Buslinien und Verdichtung der Abfahrtszeiten
◇ Einrichtung eines speziellen Frauen-Nachttaxis oder eines für alle Personen zugänglichen Bedarfstaxis

Nachttaxis für Frauen gibt es bereits in einigen wenigen Städten (zum Beispiel in Gießen und Heidelberg), in anderen (zum Beispiel in Stuttgart, Hamburg, Berlin und Frankfurt) können beim Busfahrer reguläre Taxis zur Haltestelle bestellt werden. In vielen Städten gibt es Tiefgaragen mit besonders beleuchteten Frauenparkplätzen im Einfahrtsbereich. In den U-Bahnhaltestellen (zum Beispiel in München und Hamburg) wurde zusätzliches Sicherheitspersonal eingeführt. All diese Maßnahmen sind hilfreich und erhöhen das subjektive Sicherheitsgefühl von Frauen.

Im privaten Bereich und in der Familie muß sich jede Frau selbst schützen. Doch auch hier kann das Problem – dank der Frauenbewegung – nicht mehr totgeschwiegen werden.

Im privaten Bereich und in der Familie muß sich jede Frau selbst schützen. Doch auch hier kann das Problem der Gewalt – dank der Frauenbewegung – nicht mehr totgeschwiegen werden. In beinahe jeder Großstadt gibt es Frauenhäuser, Frauennotrufe und Beratungsstellen gegen Gewalt in der Familie. Und dennoch ist all dies nur ein erster Schritt in einer Gesellschaft, in der Männer noch immer glauben, mehr Rechte zu haben und ihre Machtansprüche auf Kosten von Frauen durchsetzen zu können, in der gewaltsame Übergriffe jeder Art an der Tagesordnung sind.

Bis zur gleichberechtigten Gesellschaft ist es noch weit. Bis dahin bleibt Frauen nur der kontinuierliche Kampf – auf der gesellschaftlichen Ebene und auf der individuellen.

WIE ICH ZUM MODEL MUGGING KAM

Wer als kleines Mädchen viel mit jüngeren Brüdern oder Jungen aus der Nachbarschaft gespielt und gerauft hat, wird bestimmt am eigenen Leib erlebt haben, daß auch die etwas kleineren Buben immer die Stärkeren waren. Auf jeden Fall waren fast alle rabiater, eher bereit, ihrer Aggression freien Lauf zu lassen, fest zuzupacken und hart zuzuschlagen. Auch wenn wir sie noch so sehr anflehten, sie kannten »keine Gnade«. Wir Mädchen schreckten fast immer davor zurück, richtig grob zu werden. Oder wir bissen und kratzten, aber erst in letzter Verzweiflung, wenn wir schon »verloren« hatten. Vorteile konnten wir uns nur durch unsere Pfiffigkeit verschaffen: durch die rechtzeitige Vorahnung eines Angriffs – eines Schubses oder Beinstellens – und die Vermeidung eines direkten Zweikampfs.

Jungen werden dazu erzogen, sich zu behaupten, wenn sie angegriffen werden. Mädchen aber werden schon früh auf mütterliche Reaktionen trainiert und auf Unterordnung unter die Starken.

War es unsere Friedfertigkeit, die uns veranlaßte, so schnell wie möglich davonzurennen, wenn Gewaltanwendung drohte? Oder stillzuhalten, in der Hoffnung aufkommender Kavaliershaltung: Junge/Mann vergreift sich doch nicht an Wehrlosen!

Hat uns unsere körperliche Unterlegenheit dazu konditioniert, unsere Kräfte immer nur spielerisch zu messen und nie wirklich ernsthaft? Lag es vielleicht daran, daß ja immerhin die Gefahr bestand, jemandem weh zu tun? Und das wollten/durften wir natürlich nicht.

Jungen werden dazu erzogen, sich zu behaupten, im Mittelpunkt zu stehen und zurückzuschlagen oder auf andere Weise aggressiv zu reagieren, wenn sie angegriffen werden. Sie werden zu Rivalitätskämpfen angespornt, denn das übt fürs Leben. Mädchen aber werden schon früh auf mütterliche Reaktionen trainiert, auf Mitgefühl, Schutzhaltung gegenüber Schwächeren und Unterordnung unter die Starken. Kein Wunder, daß wir gar nicht versuchen, uns richtig zur Wehr zu setzen! Dadurch würden wir ja Konflikte heraufbeschwören, selbst im Spiel.

»Die Friedfertigkeit ist der Frau durch den Rollenzwang zu einem bestimmten Verhalten quasi auf den Leib geschrieben«, sagt Margarete Mitscherlich in ihrem Buch *Die Zukunft ist weiblich* (Pendoverlag, Zürich 1987). Und sie glaubt, daß gerade durch diese unsere Friedfertigkeit den Männern erlaubt wurde, ihre Friedlosigkeit, ihre Kriege und ihre innere und äußere Feindsuche auszuleben. Dennoch sieht sie diese unterschiedlichen

MODEL MUGGING

Verhaltensweisen nicht als geschlechtsspezifisch an, sondern als gesellschaftlich bedingte, anerzogene Eigenschaft. An anderer Stelle schreibt sie: »Sie [die Frau] kämpft nicht darum, Nummer eins zu sein, sie ist es gewohnt, höchstens die zweite Stelle einzunehmen, was sie daran hindert, die für den Mann typische Rivalitätssuche wie auch seine Neigungen zu einem narzißtischen Imponiergehabe zu teilen.« Doch damit sollen sich Frauen in Zukunft nicht zufriedengeben. Margarete Mitscherlich fordert: »... den kämpferischen Mut von Frauen zu aktivieren, ist dringend notwendig...« Nur, wie können wir als Erwachsene noch lernen, unsere tief verwurzelte Wehrlosigkeit zu überwinden und all die sogenannten weiblichen Tugenden von Gefügigkeit bis Unterwerfung – die Opferrolle also – endlich abzulegen? Sogar die Bereitschaft zur Selbstverteidigung bei An- und Übergriffen ist uns abhanden gekommen. Was sich mir über viele Jahre – sozusagen als Folge der kindlichen Verhaltensmuster – eingeprägt hatte, war die Überzeugung: Wenn es ein Mann darauf anlegte, würde es ihm sowieso immer gelingen, mich körperlich zu besiegen. Männlicher Gewalttätigkeit, Angriffslust und Rücksichtslosigkeit hatten wir nichts Adäquates entgegenzusetzen – darin waren wir uns unter Freundinnen ziemlich einig. Nur ein großer, starker Mann an unserer Seite würde uns vor Übergriffen schützen.

Wir können auch als Erwachsene noch lernen, unsere tiefverwurzelte Wehrlosigkeit zu überwinden und die Opferrolle endlich abzulegen.

Also suchten sich die meisten einen Ehemann; er war ein wirksamer Verteidiger nach außen. Meiner kam mir bald abhanden, und ich genoß meine wiedererlangte Selbständigkeit. Eigentlich hätte ich ja eher ängstlich sein müssen, so in der freien Wildbahn, wo doch Überfälle, Gewalt gegen Frauen, Vergewaltigungen – natürlich auch in der Ehe – fast unvermeidlich zum Alltag gehörten. Merkwürdigerweise habe ich jedoch immer geglaubt, ich sei irgendwie davor gefeit. Warum sollte es gerade mich treffen? Im nachhinein sehe ich das als unbewußte Verdrängungstaktik an. Ich wollte mich nicht in der Opferrolle sehen. Damit war ich sicher schon einen Schritt weiter als all die verängstigten Frauen – gebrannte Kinder meist –, die es immer Überwindung kostet, sich im Dunkeln allein auf die Straße, in den Keller oder gar in die Tiefgarage zu wagen. Wahrscheinlich war es meine im allgemeinen eher kämpferische Lebenseinstellung, die mir sagte, daß ich bestimmt nicht stumm und paralysiert wie das berüchtigte Kaninchen vor der Schlange dastehen und einen Raubüberfall oder eine sexuelle Belästigung über mich ergehen lassen würde. Ich konnte laut schreien, wild um mich schlagen, davonlaufen. An eine gezielte und wirksame Möglichkeit der Selbstverteidigung glaubte ich allerdings nicht. Ich wußte ja aus der Kinderzeit, daß wir da eigentlich keine Chance hatten. Also leugnete ich lieber die Bedrohung, zählte mich nicht zum besonders gefährdeten Personenkreis. Schließlich mußte ich ja nicht unbedingt spätnachts allein in der U-Bahn fahren. Ich stöberte auch nicht als juwelenbehängte Touristin durch ärmliche Altstadtviertel von Neapel und schlief nicht allein unter freiem Himmel an griechischen Stränden. Ich kannte mein heimisches Umfeld gut – auch abends: belebte Straßen, meist harmlose Betrunkene, die aus den

Kneipen taumelten, ausreichende Beleuchtung im Hausflur. Im allgemeinen fühlte ich mich sicher – einfach, weil ich es so wollte. Ein paar leicht brenzlige Situationen – ein Exhibitionist im Park, ein Anrempler im Bus, der sich für meine Handtasche interessierte – hatte ich spielend gemeistert. Ich war reaktionsschnell, und es war mir nicht peinlich, laut zu schreien und Aufmerksamkeit zu erregen. Das genügte, um Unholde in die Flucht zu schlagen. Mein Selbstverteidigungspotential reichte demnach aus, dachte ich.

Dann passierte das mit Gila, einer meiner besten Freundinnen. Sie ist einsfünfundsiebzig groß, ziemlich cool und sportlich gut in Schuß. Sie joggt, spielt Tennis und macht regelmäßig Fitneßtraining – also alles andere als der Typ »schutzloses Weibchen«. Sie fährt einen feuerroten Toyota Corolla. In einer engen Straße sieht sie eine Parklücke, will gerade rückwärts einparken, da kommt von hinten ein Mazda angebraust, der bremst und vorwärts einparkt. Gelassen steigt ein junger Typ aus. Nicht ganz so gelassen geht Gila auf den Mann zu, aber sie ist auch nicht die Frau, die keift und meckert. »Sie«, sagte Gila, »anscheinend ist Ihnen entgangen, daß ich da gerade ...« Weiter kommt sie nicht. Der Typ hat kurz ausgeholt und ihr mit ganzer Kraft die Faust ins Gesicht gerammt. Dann ist er ohne ein Wort in der Videothek gegenüber verschwunden. Gila hatte eine aufgeplatzte Lippe, heftiges Nasenbluten, und vor allem war sie fassungslos vor Schreck. Dieser Mistkerl war so davon überzeugt, zu diesem tätlichen Übergriff berechtigt zu sein, daß es ihm gar nicht in den Sinn kam, dafür zur Rechenschaft gezogen zu werden! Gila bekam einen Weinkrampf, denn inzwischen gab es ein Hupkonzert, weil ihr Wagen die Straße versperrte. Also setzte sie sich hinters Steuer und fuhr halb blind weiter. Erst später kam ihr in den Sinn, daß sie sich die Autonummer des Grobians hätte aufschreiben und Anzeige erstatten sollen. In der Ambulanz des Krankenhauses sagte die Ärztin, es sei in letzter Zeit mehrmals vorgekommen, daß Frauen in ähnlicher Situation unvermittelt zusammengeschlagen und erheblich verletzt worden wären. Die Täter (nur Männer selbstverständlich) reagierten anscheinend auf diese Weise ihren Frust oder andere angestaute Aggressionen ab. Symptomatisch sei das völlige Fehlen eines Unrechtsbewußtseins. Vor Gericht (falls es überhaupt dazu käme) würden diese Rowdies sich meist damit rechtfertigen, daß sie sich bedroht gefühlt und in Notwehr zugeschlagen hätten. Lächerlich geradezu, fand Gila.

Was meine Freundin noch Tage danach völlig fertig machte, war ihre eigene totale Unfähigkeit, sich zur Wehr zu setzen. »Warum habe ich bloß nicht geschrien und gespuckt. Warum bin ich nicht hinter ihm her und habe ihn in den Hintern getreten!? Ich glaube, ich war so hilflos vor Scham und Entsetzen, daß ich im ersten Moment sogar das Gefühl hatte, ich wäre selbst schuld gewesen.« Meine Reaktion auf diese Deutung des Vorfalls war schieres Entsetzen. Soweit ist es also gekommen! Jetzt haben selbst moderne Frauen noch die von Männern immer wieder aufgestellte Behauptung verinnerlicht, daß Opfer von Gewalttätigkeiten – einschließlich der gedemütig-

Es heißt, Männer reagierten immer öfter schlagkräftig Frust und angestaute Aggressionen an Frauen ab. Und es fehlt ihnen dabei jegliches Unrechtsbewußtsein.

MODEL MUGGING

ten Vergewaltigungsopfer – oft selbst durch ihr Verhalten zur Tat motivieren! Durch ihre Friedfertigkeit, ihre Duldsamkeit, ihre Naivität, ihre Aggressionshemmung. Nein, sagte ich mir, es liegt daran, daß wir keine brauchbare Methode zur Selbstverteidigung kennen.

Sicher, es gab einige Bücher, die im Zusammenhang mit Kampfsporttechniken versprachen, die weibliche Verteidigungsbereitschaft zu stärken; die den Umgang mit Tränengasspray oder auch mit der Schreckschußpistole lehrten und Frauen einerseits Mut machten, sich zur Wehr zu setzen, andererseits aber auch klarstellten, daß nur nach langer Übungszeit und komplizierter Umkonditionierung unserer Aggressionshemmung wirkliche Erfolge zu erzielen wären.

Aber – wie gesagt – bisher war mir das Thema nicht wirklich wichtig gewesen. Jetzt fiel mir ein, daß ich als Redakteurin kürzlich den Text einer Kollegin bearbeitet hatte, der über eine neue Methode der Selbstverteidigung für Frauen berichtete. »Model Mugging« war der merkwürdige Name. Es handelt sich dabei um das angeblich recht einfache Erlernen sinnvoller Abwehrmöglichkeiten in Form von Übungen an einem scheinbaren Aggressor. Ein Mann in einem dick gepolsterten Monsteranzug mit riesigem Schutzhelm gebärdete sich wie ein Unhold und brachte einem gleichzeitig bei, wie man sich ihn vom Hals hielt. Zu diesem Zeitpunkt hatte mich das noch nicht sonderlich interessiert. Aber nach dieser Sache mit Gila!

Wie sonderbar, daß mir ein paar Tage später eine Freundin aus Hamburg von genau diesem Model Mugging erzählte, das als Wochenendkurs in ihrem Fitneßstudio angeboten wurde. Sie ist sehr klein und alles andere als rabiat und konnte sich nicht vorstellen, in wenigen Trainingsstunden zur schlagkräftigen, wehrhaften Frau zu werden. Ich auch nicht, aber das Thema war mit einemmal brisant und hochaktuell. Jetzt wollte ich es einfach wissen.

Recht skeptisch noch, aber auch sehr neugierig, fand ich mich ein paar Wochen später an einem Samstagnachmittag in Hamburg ein. Dazwischen lagen einige Telefonate mit dem Leiter des Model-Mugging-Trainings, der die Methode aus den USA nach Deutschland gebracht hatte. Dieser Michael Kelm war hundertprozentig von der Wirksamkeit seiner Kurse überzeugt. Aus Enthusiasmus und echter Verpflichtung hatte er es sich zum Anliegen gemacht, möglichst viele Frauen an den Segnungen dieser Selbstverteidigungs- und Selbstbehauptungsmethode teilhaben zu lassen. Er hat mich überzeugt und ebenfalls restlos dafür begeistern können, das Model Mugging auf breiter Basis für verteidigungswillige Frauen zugänglich zu machen. Ich habe bei ihm nicht nur gelernt, wie ich mich erfolgreich zur Wehr setzen kann, wir haben gemeinsam auch eine Möglichkeit entwickelt, wie die Essenz des Model Mugging auch ohne das Training bei ihm zu vermitteln ist und die wichtigsten Techniken anhand einer schriftlichen Anleitung im Do-it-yourself-Verfahren zu erlernen sind. Daran habe ich Michael Kelms wirkliches Engagement für die Sache erkannt. Eigentlich sind die Model-

Aus echter Verpflichtung hat es sich Michael Kelm zum Anliegen gemacht, möglichst viele Frauen an den Segnungen seiner Selbstverteidigungsmethode teilhaben zu lassen.

Mugging-Kurse sein Broterwerb. Durch die Veröffentlichung seiner Methode in Buchform werden ihm sicher eine Menge Kursteilnehmerinnen verlorengehen, aber Michael Kelm nimmt das hin.

Vielen Frauen ist es zeitlich und auch finanziell nicht möglich, zu zwei Kurswochenenden nach Hamburg zu fahren. Auch diesen Frauen möchte er die Möglichkeit zur erfolgreichen Selbstbehauptung – und damit die Chance zu größerer persönlicher Sicherheit und Freizügigkeit – nicht vorenthalten.

Ich empfinde es als ein Stück mehr Freiheit, durch den Kurs das Gefühl bekommen zu haben, zum einen nicht mehr meine trügerische Vogel-Strauß-Haltung gegenüber Gefahren beibehalten zu müssen, um mich sicher zu fühlen, und mich zum anderen nicht mehr unabänderlich als von Natur aus Unterlegene zu fühlen. Ich weiß, daß mir in Angriffssituationen ein Potential zur Verfügung steht, das mich durchaus befähigt, auch größere und körperlich überlegene Angreifer außer Gefecht zu setzen. Und ich ziehe nicht mehr von vornherein den Kopf ein, wenn es irgendwo brenzlig wird, sondern spüre, daß ich eine Selbstsicherheit ausstrahle, die allein schon wie ein Schutzschild wirken kann. Sollte mich dennoch jemand zu überrumpeln versuchen, bin ich darauf gefaßt, zu entscheiden, wie ich ihn am besten abwehre – ob schon der unvermutete Tritt ans Schienbein genügt, oder ob ich ihm eins auf die Ohren haue. Ich weiß, ich beherrsche beides, es ist in mir für alle Zeit gespeichert. Aber damit sind wir schon bei den Geheimnissen des Model Mugging, und die werde ich Ihnen im Anschluß Schritt für Schritt enthüllen. Denn eigentlich ist alles ganz einfach – eine Sache des Selbstvertrauens. Und das wird am Ende des Buches bei jeder Leserin gestärkt sein.

München, im Juni 1993

WAS IST MODEL MUGGING?
BEGRIFFSERKLÄRUNG UND
ENTSTEHUNGSGESCHICHTE

2

Der Gedanke, daß Frauen ein besonderes Training brauchen, um sich vor Gewalttätigkeiten, sexuellen Belästigungen in der Öffentlichkeit und auch vor privaten männlichen Übergriffen zu schützen, ist nicht neu. Daß Frauen zu diesem Zweck nicht nur eine bestimmte körperliche Geschicklichkeit erwerben und ihre Muskeln stärken müssen, sondern auch eine spezielle psychologische Anleitung brauchen, um sich erfolgreich zur Wehr setzen zu können, ist ebenfalls eine Binsenweisheit. Wirklich gründliche Überlegungen, wie Frauen wirksame Selbstverteidigungstechniken erlernen und in die Lage versetzt werden können, das Erlernte auch anzuwenden, machte sich vor etwa zwanzig Jahren der amerikanische Karate-Lehrer Matt Thomas. Auslöser dafür war die brutale Vergewaltigung und Mißhandlung seiner Frau durch einen Triebtäter. Sie war Trägerin des schwarzen Kategürtels für den höchsten Schwierigkeitsgrad, aber das hatte ihr bei dem Überfall nichts genutzt. Was – so fragte sich Matt Thomas – hinderte seine Frau daran, sich mit all ihrer Kraft und Geschicklichkeit zu wehren? Woher kam diese Hilflosigkeit, dieses Gefühl der Unterlegenheit, das Frauen immer wieder zu Opfern machte? Selbst dann, wenn sie wußten, daß sie körperlich bestens trainiert waren? Thomas erforschte die Ursachen der weiblichen Verteidigungsschwäche, entschlüsselte die emotionalen Hemmschwellen und die anerzogenen Verhaltensmuster, die Frauen im Weg stehen, so daß sie wie gelähmt über sich ergehen lassen, worauf sie eigentlich mit Wut und entschlossener Abwehr reagieren sollten. Und er entwickelte eine Methode, diese Widerstände zu überwinden.

Was hindert Frauen daran, sich zu wehren? Woher kommt diese Hilflosigkeit, dieses Gefühl der Unterlegenheit, das Frauen immer wieder zu Opfern macht?

Model Mugging ist das Ergebnis von Matt Thomas' Situationsanalyse. Er ging davon aus, daß Mädchen und Frauen selten beim spielerischen Kampf bis an die Grenze gehen. Sie bringen es – anders als Jungen und Männer bei ihren Raufereien – meist nicht über sich, jemandem wirklich Schmerz zuzufügen. Und darin manifestiert sich eine Hemmung, die sich sogar dann kaum abbauen läßt, wenn es sehr sinnvoll wäre – ja lebensnotwendig –, sich mit aller Gewalt zu wehren: nämlich, wenn es kein Spiel mehr ist, sondern ihnen tatsächlich Gewalt angetan wird.

Frauen sind in der Lage, diese Sperre zu überwinden, stellte der Karatelehrer fest, wenn sie die Techniken und Taktiken zur Selbstverteidigung an einem geschützten Objekt oder Partner ausprobiert und eingeübt haben. Dadurch verlieren sie ihre Angst vor dem eigenen Aggressionsverhalten und lernen die notwendige Härte von Schlägen. In dem sicheren Wissen, dem Trainingsgegner beim Üben nicht wirklich Schmerzen zuzufügen, lassen sie sich allmählich dazu provozieren, sich mit aller Kraft zu wehren. Was auf diese Weise eintrainiert und im Unterbewußtsein gespeichert ist, wird dann bei tatsächlicher Gefahr zum Reflex. Der Adrenalinstoß, der im Moment der Gefahr das Blut in Wallung bringt, bewirkt dann ganz ohne eigenes Zutun die Abwehrbereitschaft und garantiert die körperliche Funktionstüchtigkeit, wenn sie einmal erlernt worden ist. Das ist das Geheimnis des Model Mugging.

MODEL MUGGING IN DEUTSCHLAND

Diese Methode lernte der Hamburger Fitneß- und Boxtrainer Michael Kelm vor ein paar Jahren in Boston kennen, übernahm sie und baute sie weiter aus. Bei seinen Model-Mugging-Kursen provoziert er – monstermäßig in einen dick gepolsterten Kampfanzug mit unförmigem Schutzhelm verpackt und unterstützt durch Verbalinjurien – das »Mugging«, den tätlichen Angriff der Kursteilnehmerinnen. Model Mugging bedeutet wörtlich: mit Hilfe eines Scheinangriffs oder -überfalls – also in einer »Modellsituation« – reaktive Selbstverteidigungsbereitschaft und wirksame Abwehrmethoden einzuüben. Diese Trainingsmethode ist inzwischen so ausgereift, daß von einem Lernschritt zum anderen in unausweichlicher Konsequenz das richtige Abwehrverhalten instinktiv als Reflexbewegung funktioniert. Nicht durch rational begriffene Methodik prägt sich dieses Selbstverteidigungsverhalten ein – obwohl durchaus auch die Logik vermittelt wird –, sondern Model Mugging funktioniert mehr über den Bauch als über den Kopf. Bewegungsabläufe, Härte und Konsequenz von Tritten und Schlägen werden über Motivationsmechanismen gesteuert.

WAS IST MODEL MUGGING?

Frauen »verlernen« ihre Opferhaltung und begreifen die Notwendigkeit ihrer Selbstbehauptung. Das Ganze wirkt als geschlossener Kreislauf, als ein System, in dem ein Schritt den nächsten bedingt:

◇ Wenn ich genügend motiviert bin, mich zur Wehr zu setzen, tue ich das auch nicht unentschlossen, sondern mit aller Konsequenz.
◇ Ich bin die Bedrohte, ich will den Aggressor stoppen.
◇ Sollte er dabei zu Schaden kommen, hat er es sich selbst zuzuschreiben.
◇ Ich habe das Recht zur Gegenwehr.
◇ Wenn mir das klar wird, wächst mein Selbstwertgefühl.
◇ Dadurch verbessern sich auch mein Selbstbewußtsein und das Vertrauen in meine Fähigkeit zu erfolgreicher Selbstverteidigung.
◇ Durch diese Konditionierung ist Model Mugging mehr als nur ein Selbstverteidigungssystem.
◇ Es stärkt das Selbstvertrauen und verändert die Persönlichkeitsstruktur.

Aus einem ängstlichen jungen Mädchen, das versucht, sich möglichst unauffällig durch den Alltag zu mogeln und nirgends anzuecken, kann eine powervolle junge Frau werden. Ihre Ausstrahlung signalisiert von weitem:

◇ Mach mich nicht an, wenn du keinen Ärger haben willst!
◇ Ich bin keine leichte Beute, auch wenn du einen Kopf größer bist.
◇ Ich beherrsche mein Repertoire und bin gewillt, es einzusetzen, und zwar erfolgreich, weil du nicht darauf gefaßt bist.
◇ Mein Tritt gegen dein Schienbein wird schmerzhaft sein.
◇ Aber bevor du deine Überraschung überwunden hast, folgt der Kniestoß zwischen die Beine.
◇ Noch nicht genug? Dann kann es weitergehen!

Wenn eine Frau nach einem Model-Mugging-Kurs überhaupt noch angegriffen worden ist, war die Verblüffung des Angreifers nach den ersten beiden Abwehrschritten bzw. -tritten meist so komplett, daß sie gar keine drastischeren Methoden anwenden mußte. Daß sie aber gelernt hatte, jemanden auch noch mit aller Kraft auf die Ohren zu schlagen, genau wußte, wie sie ihn abschütteln konnte und keine Scheu hatte, ihm in die Augen zu greifen – und zwar mit aller Kraft –, das machte ihre Selbstsicherheit aus.

Die Gewißheit des Erfolgs ist nachvollziehbar. Das Model Mugging basiert auf der einfachen Tatsache, daß Schmerz – vor allem überraschender – Irritation hervorruft. Fügt eine Frau einem siegesgewissen Angreifer unvermittelt Schmerz zu – da er mit ihrem paralysierten Opferverhalten rechnet, ist jeder Aggressor Frauen gegenüber siegesgewiß und auf schmerzhafte Gegenwehr selten vorbereitet –, kann er das kaum fassen. Durch den Schmerz ist er abgelenkt und einen Moment lang nicht in der Lage, zu reagieren. Jetzt heißt es cool bleiben! Diese Irritation muß genutzt werden, um ihm sofort einen neuen Schmerz zuzufügen, am besten einen noch schlimmeren, wie der voll durchgezogene Kniestoß in die Genitalgegend. Bevor er

25

MODEL MUGGING

sich davon erholt hat, ist die Überfallene entweder aus der Gefahrenzone, oder ihre bis dahin erfolgreiche Selbstverteidigung gibt ihr das sichere Bewußtsein, wenn notwendig, auch die weiteren Techniken durchzuziehen, bis der Angreifer von ihr abläßt. Als letzte Möglichkeit bleibt der Griff in die Augen oder der fürchterliche Tritt gegen den Kopf... Aber so weit sind wir noch nicht.

Zugegeben, diese Darstellung der Methoden des Model Mugging hört sich recht brutal und dramatisch an, so daß allzu zartbesaitete weibliche Gemüter erschrecken mögen. Eins sollte aber nicht vergessen werden: Es handelt sich hier keineswegs um ein nettes kleines Gesellschaftsspiel oder um eine neue Sportart, die nur zum Vergnügen trainiert wird.

Beim Model Mugging geht es um die einzig wirksame und in kurzer Zeit erlernbare Möglichkeit eines Selbstverteidigungssystems für Frauen. Es handelt sich weder um ein Aggressionstraining noch um Scharfmacherei im alltäglichen Kampf der Geschlechter. Model Mugging ist ausschließlich zum Schutz gegen An- und Übergriffe gedacht, gegen den Handtaschenräuber ebenso wie gegen den Sexualtäter. Auch wenn es der eigene Freund oder Onkel ist, der eine Frau in ihrer Integrität anzugreifen versucht und dabei den kürzeren zieht, ist das ausschließlich sein Problem.

Wenn es sich rumspricht, daß durch Model Mugging jede Frau aus ihrer Unterlegenheitssituation herausfinden kann, wagt sich vielleicht so mancher Gewalttäter von vornherein nicht mehr an uns heran.

Die Vermutung liegt aber nahe, daß schon die Bekundung der wachsenden Verteidigungsbereitschaft von Frauen generell als Abschreckung dient. Täter suchen sich immer Opfer, das heißt Schwächere. Wenn es sich rumspricht, daß durch Model Mugging jede Frau aus ihrer Ohnmachts- und Unterlegenheitssituation herausfinden kann, dann wagt sich vielleicht der eine oder andere Gewalttäter von vornherein nicht mehr an uns heran. Daher ist es sehr wichtig, lauthals publik zu machen, daß wir Frauen verteidigungsbereit sind. Das heißt schließlich nicht, daß Model Mugging uns aggressiv gemacht hat, aber wir verlangen, daß unsere Unantastbarkeit respektiert wird. Eigentlich muß das gar nicht betont werden, denn in unserem Grundgesetz steht: »Die Würde des Menschen ist unantastbar.« Über 15 000 Vergewaltigungen jährlich zeigen jedoch, daß dieses Gesetz nicht ernst genommen wird. Ihr Sexualtrieb und ihr Machtanspruch läßt manche Männer glauben, das Recht zu haben, sich mit Gewalt zu nehmen, was ihnen Frauen verweigern, weil sie es nicht wollen. Wir selbst müssen also dafür sorgen, daß wir unbehelligt bleiben und unser Recht zur Verweigerung durchsetzen. Bei Sexualdelikten sind immer die Männer die Aggressoren. Vielleicht hat die mangelnde Verteidigungsbereitschaft von uns Frauen dazu beigetragen, daß weiterhin jene unglaubliche Legende kursiert, die Frauen hätten meist selbst Anlaß dazu gegeben, daß sie vergewaltigt worden sind – und hätten demnach selbst Schuld. Damit sollten wir endgültig Schluß machen. Wir Frauen haben jedes Recht, um unsere Unantastbarkeit zu kämpfen, unsere Würde zu verteidigen. Und wir wissen jetzt auch, daß wir erfolgreich sein werden.

MIT DEN BESTEN EMPFEHLUNGEN

Viele Frauen haben in den letzten drei Jahren bei Michael Kelm in Hamburg Model-Mugging-Kurse mitgemacht. Fast alle großen Frauenzeitschriften, viele Hamburger Tageszeitungen und einige aktuelle Fernsehmagazine berichteten ausführlich über die neue Selbstverteidigungsmethode für Frauen. Die Berichterstattung war durchweg positiv. Das einzige, was überhaupt kritisiert wurde, waren die Kosten des Kurses, die sich nicht alle leisten könnten. Bei vielen Frauen war aber der Wunsch, sich endlich nicht mehr hilf- und schutzlos ausgeliefert zu fühlen, so groß, daß sie den Kurs machten und Dinge zurückstellten, für die sie eigentlich gespart hatten.

Frauen, die schon einmal vergewaltigt, überfallen oder massiv bedroht worden waren und festgestellt hatten, daß sie vor Panik, Angst und Verwirrung unfähig gewesen waren, zu reagieren, waren überwältigt von den Resultaten des Kurses.

Hier einige Zitate aus Zeitungsberichten und Aussagen von Frauen, die die Kurse absolviert haben

Cosmopolitan
Ganz schön schlagfertig... Im Training wird gezielt die Hemmschwelle ab- und die Motivation aufgebaut, sich in bedrohlichen Situationen mit größter Härte zu wehren.

Miss Vogue
Model Mugging ist radikale Selbstverteidigung für Frauen... ein Minimalprogramm von rund zehn Angriffsaktionen auf die Tabuzonen des Gegners... wird im Training immer wieder gemeinsam abgespult – so lange, bis jede Frau automatisch handelt.

Praline
Da haben Triebtäter keine Chance mehr.

Prinz
In einem speziellen Training sollen Frauen die Angst vorm Zuschlagen verlieren und lernen, Gegner abzuwehren.

Die Welt
Model Mugging will den Frauen Mut machen, Angst in Wut umzusetzen.

Rita R. (28), Köln
Ich hatte tierische Angst, überfallen und vergewaltigt zu werden, deshalb habe ich mich zu dem Training aufgerafft. Ich weiß nicht, ob ich wirklich in jedem Fall zuschlagen würde, aber es ist schon beruhigend, zu wissen, daß ich überhaupt eine Chance hätte.

Marina K. (30), Hamburg
Mein Mann hat mir vorgeschlagen, den Kurs zu machen... Wenn's mal dazu kommt, soll der Täter das Opfer sein.

Monika P. (35), Frankfurt
Man muß weder stark noch sportlich sein, auch Altersgrenzen gibt es nicht. Jede Frau kann Model Mugging lernen.

Patricia W. (39) aus Hamburg ist nur knapp einer Vergewaltigung entgangen
Nie werde ich diese fürchterliche Hilflosigkeit vergessen. Erst seit dem Model Mugging schlafe ich wieder bei offenem Fenster. Es ist toll, dieses sichere Gefühl.

Manuela P. (25), Dortmund
So was wie Karate war mir zu hart. Ich bin einfach kein sportlicher Typ... Eigentlich mag ich nicht zuhauen und jemandem weh tun. Aber man muß das, sonst kommt man im Ernstfall doch nicht weg. Inzwischen macht es mir sogar Spaß.

MODEL MUGGING

Alle diese Frauen bestätigten Michael Kelm, daß sie es nicht bereut hätten, das Geld in ihre Sicherheit investiert zu haben; denn sie fühlten sich nach dem Model-Mugging-Training unendlich viel besser und sicherer. Manche Frauen hatten nach schlimmen Erfahrungen jahrelang ein äußerst eingeschränktes Leben geführt und brachten erst jetzt wieder den Mut auf, abends allein auf die Straße, ins Kino oder zu Veranstaltungen zu gehen.

Nichts kann den Erfolg der Model-Mugging-Methode besser bestätigen als die Feststellungen einiger dieser Frauen, die anschließend tatsächlich in bedrohliche Situationen gerieten und alle in der Lage waren, sich zu stellen, zu wehren und zu siegen.

Das stimmt mit den statistischen Ermittlungen über Frauen in den USA überein, die Model-Mugging-Kurse absolviert hatten – es waren insgesamt über 157000: Nur zwei der etwa 140 Frauen, die berichteten, daß sie angegriffen wurden, nachdem sie Model Mugging gelernt hatten, schafften es nicht, dem Vergewaltiger zu entkommen. Das ist ein absolut positives Ergebnis.

VERTEIDIGUNGSBEREITSCHAFT ERLERNEN

Nach einer Vorführung von Verteidigungsmöglichkeiten für Frauen in München, die ein Ausbilder für Selbstverteidigung bei der Polizei leitete, waren viele der Teilnehmerinnen sehr deprimiert. Man hatte ihnen zwar gesagt, sie müßten nicht mehr wehrlos sein, wenn sie belästigt oder angegriffen würden. Aber das Erlernen der vorgeführten Abwehrtechniken sowie die Änderung der falschen Verhaltensmuster erforderten einen Zeit- und Kraftaufwand, den die meisten – das war ihnen sofort klar – nicht aufbringen würden. Zwar zeigte eine junge Teilnehmerin, die sich als Kampfsportexpertin dem Polizeitrainer stellte, daß es durchaus gelingen konnte, den Angriff des ebenfalls in Karate, Taekwondo und Judo geschulten Ausbilders abzuwehren. Doch gerade das verschreckte die Frauen, denn keine konnte sich vorstellen, diese Geschicklichkeit je zu erreichen. Es war außerdem darauf hingewiesen worden, daß es lange dauern würde, bis die Verkürzung der Schrecksekunde eintrainiert wäre, ganz zu schweigen von der Motivation zu wirksamer, das heißt »harter« Verteidigung. Dieses »Ich-will-doch-nicht-verletzen«-Syndrom saß viel zu tief, als daß es durch bloße Ermutigung, Rechtsbelehrung und Situationsschilderungen hätte abgebaut werden können. Einzig die Anleitungen zur Konfliktvermeidung – keine einsamen Abendspaziergänge, Trillerpfeife, lautes Schreien, schnelle Flucht etc. – erschienen hilfreich und logisch. Aber das war nicht das Problem: Es ging um Gegenwehr, um das Gefühl, wirksame Methoden zu erlernen, einen Gewalttäter unschädlich zu machen, der nicht nur droht anzugreifen, sondern es auch tut. Da versagte das System, und zwar ganz einfach deshalb, weil es Leistungen forderte, zu denen vielen Frauen das Selbstvertrauen fehlt.

WAS IST MODEL MUGGING?

All diesen Frauen kann durch Model Mugging in kürzester Zeit das Gefühl der Sicherheit vermittelt werden. In den Kursen geschieht das innerhalb von etwa zwanzig Trainingsstunden.

Mit der Trainingsanleitung für Model Mugging in diesem Buch können Sie selbst bestimmen, wie schnell Sie sich zur Selbstverteidigung fähig fühlen. Sie können sich durch den Text motivieren lassen, sich sozusagen geistig darauf vorbereiten, daß Sie sich zur Wehr setzen wollen, und danach dann die Verteidigungstechniken innerhalb weniger Tage einüben. Sie können aber auch zuerst einmal den leichtesten Schritt der Verteidigung – den Schienbeintritt – an einem gepolsterten Objekt so lange ausprobieren, bis Ihnen klar ist, welche Kraft hinter so einem Tritt steckt, Ihre eigene Power. Wenn Sie dann nachvollziehen, welchen Schmerz Sie einem Angreifer damit zufügen können, sollten Sie Ihre grundsätzliche Hilflosigkeit überwunden haben, die da lautete: Ich brauche mich ja gar nicht erst zu wehren, weil ich sowieso die Schwächere bin. Wenn Sie dann vierzehn Tage mit diesem Buch arbeiten und die weiteren Übungsschritte ausführen, wird Ihr Vertrauen in Ihre Fähigkeit zur Selbstverteidigung am Ende so gestärkt sein, daß Sie sich nicht mehr vorstellen können, sich bei einem Angriff nicht zur Wehr zu setzen.

Jede Frau kann signalisieren: Ich bin verteidigungsbereit. Ich bin sicher, daß ich dir Schmerz zufügen kann. Und ich werde dich notfalls mit allen Mitteln bekämpfen.

Das Verblüffende an der Sache ist: Die Signale, die Sie durch Ihr verändertes Auftreten, durch Ihr gestärktes Selbstvertrauen unbewußt aussenden, bemerkt auch ein potentieller Angreifer. Er registriert die Körpersprache der Selbstsicherheit genauso, wie die der Angst. Häufig verändert das sein Verhalten; denn jemand, der glaubt, in einer Frau ein von Natur aus körperlich unterlegenes Opfer vor sich zu haben und deshalb leicht überfallen und besiegen zu können, ist grundsätzlich nicht draufgängerisch, sondern feige. Die Ausstrahlung von Kraft und Furchtlosigkeit vermindert sein Überlegenheitsgefühl und verunsichert ihn. Dadurch sind Sie im Vorteil, und weder Ihre Körpergröße noch Ihr Alter sind von Bedeutung.

Jede Frau kann signalisieren: Ich bin verteidigungsbereit. Und damit drückt sie aus: Ich bin sicher, daß ich dir Schmerz zufügen, dich abwehren kann und dich notfalls mit allen Mitteln bekämpfe. Dieses Selbstvertrauen kann sich jede Frau durch Model Mugging erwerben. Und das wirklich Unglaubliche an der Sache ist: Sie wird es ein Leben lang behalten!

DIE NOTWENDIGKEIT EINER BRAUCHBAREN METHODE DER SELBSTVERTEIDIGUNG

3

»Frauen, wehrt euch gegen jede Gewalt, die euch angetan wird!« Dieser Aufruf der Beauftragten für Frauenfragen des Münchner Polizeipräsidiums, Christine Steinherr, ist sicher gut gemeint, aber er nutzt gar nichts, wenn Frauen nicht lernen, ihre seit der Kindheit geprägte und durch viele Erziehungssituationen eingeübte Haltung zu ändern.

»Ich weiß doch, daß ich am besten den Kopf einziehe, wenn das verärgerte Donnerwetter meines Freundes auf mich niedergeht. Meine Mutter hat uns Töchtern immer geraten, nur ja den Mund zu halten und uns so klein wie möglich zu machen, wenn der Vater schlechte Laune hatte. Seine Nörgeleien und Ungerechtigkeiten waren schwer zu ertragen, seine Strafen für Aufmüpfigkeit oder Ungehorsam waren einfach die Hölle. So was vergißt du dein Leben lang nicht. Es prägt dich bis in alle Ewigkeit. Schließlich versuchst du, dich in allem so unauffällig wie möglich durchzumogeln. Wenn dich aber mal einer – zum Beispiel ein tätlicher Angreifer – wirklich bedroht, dann nutzt das Ducken nichts. Dann bist du ein williges Opfer, weil du nicht gelernt hast, dich zu wehren.« So lautet das erschütternde Resümee einer jungen Frau, die – zu spät – erkannt hat, wo ihr »Fehler« liegt. Aber sie weiß nicht, wie sie Abhilfe schaffen kann.

Selbst brutal mißhandelte Frauen mitsamt ihren verstörten Kindern haben angeblich Verständnis dafür, daß ihre Männer »aus der Haut gefahren sind« und ein Ventil für ihre Aggression gebraucht haben.

Eine weitere erschreckende Feststellung wird bei einem Gespräch unter Frauen in einem Frauenhaus gemacht: »Anscheinend ist mein Bedürfnis nach Anerkennung so groß, daß ich, sogar wenn er mich zusammengeschlagen hat, noch glaube, lieb sein zu müssen. Ich konnte nicht wütend werden. Ich war verletzt, beschämt, gedemütigt. Aber irgendwie habe ich dabei immer nach meinen Unzulänglichkeiten gesucht – und ihn entschuldigt.«

Selbst brutal mißhandelte Frauen mitsamt ihren verstörten Kindern haben »Verständnis« dafür, daß ihre betrunkenen Männer »aus der Haut gefahren sind« und wegen Kleinigkeiten auf sie eingeprügelt haben. »Er hat soviel Streß gehabt. Die wollten ihn rausschmeißen in der Firma und so. Er hat es nicht so gemeint. Brauchte ein Ventil. Zufällig waren wir in Reichweite...«

MODEL MUGGING

URSACHEN UND HINTERGRÜNDE WEIBLICHER HILF- UND WEHRLOSIGKEIT

Das unbarmherzige Gesetz, daß die Wut der Schwachen immer an noch Schwächeren ausgelassen wird, haben Frauen weitgehend verinnerlicht und akzeptiert. Sie sind schließlich dazu erzogen worden. »Einer trage des anderen Last...« Und auf eine fast perverse Art fühlen sich Frauen manchmal sogar stark, weil sie so viel aushalten können und trotzdem noch lieben. Darüber sind in letzter Zeit eine Menge Bücher geschrieben worden (*Wenn Frauen zu sehr lieben* von Robin Norwood; *Wenn Liebe zur Sucht wird* von Brenda Schaeffer; *Liebe als Leid* von Susan Forward). Der komplexe Themenkreis Partnerschaft wird darin durchleuchtet, und die Ergebnisse der Untersuchungen lassen hoffen, daß Frauen endlich den Ausweg aus der Opferrolle finden. Biologisch ist dieses masochistische Verhalten wirklich nicht zu begründen. Es hat gesellschaftliche Ursachen, die auf die jahrhundertealte Anerkennung des Patriarchats zurückzuführen sind.

Auch dazu gibt es eine Anzahl neuerer Bücher, besonders von dem Autorinnenduo Cheryl Bernard/Edit Schlaffer *(Männer – Eine Gebrauchsanweisung für Frauen; Laßt endlich die Männer in Ruhe; Liebesgeschichten aus dem Patriarchat)*. Gerade das letzte dieser Bücher thematisiert diese weibliche Zustimmung zur eigenen Unterdrückung. Der Untertitel lautet bezeichnenderweise: »Von der übermäßigen Bereitschaft der Frauen, sich mit dem Vorhandenen zu arrangieren.«

◇ Wir haben es lange Zeit als unabänderlich akzeptiert, daß wir viel zu schwach sind, um uns gegen starke Männer aufzulehnen.
◇ Wir haben uns einreden lassen, die sexuellen Bedürfnisse der Männer seien grundsätzlich anders gelagert als unsere und uns deshalb klaglos gefügt.
◇ Unsere Unterlegenheit war naturgegeben; die Opferrolle war die logische Konsequenz.

Die irrige Vorstellung von der völlig verschiedenen Trieb- und Aggressionsstruktur bei Frauen und Männern ist ebenfalls längst widerlegt. Vieles an den Freudschen Theorien über die geschlechtsspezifisch unterschiedliche Veranlagung in den Erlebens- und Verhaltensbereichen Aggression und Sexualität gilt als überholt. Doch nach wie vor wird festgehalten an der These, daß die Persönlichkeitsentwicklung bei heranwachsenden Mädchen und Jungen – sowohl in genetischer wie gesellschaftlicher Hinsicht – grundsätzlich verschieden verläuft. Als Folge davon halten wir an der geschlechtsspezifisch unterschiedlichen Ausprägung von Persönlichkeitsmerkmalen fest und bestärken sie.

Von frühester Kindheit an wird Mädchen beispielsweise eingetrichtert, überall draußen lauerten im Dunkeln schreckliche Gefahren. Deutlicher gesagt: männliche Aggressoren. Deshalb wird von ihnen geradezu erwartet,

DIE NOTWENDIGKEIT EINER METHODE

daß sie ängstlich sind. Erst dadurch kann nämlich der junge Mann eine seiner Lieblingsrollen spielen: den großen Beschützer, den Typ mit den breiten Schultern, an denen sie sich anlehnen, ausruhen und ausweinen darf. Diese beschützende und starke Männlichkeit fordert auch ihren Tribut, das soll nicht verschwiegen werden. Furchtsame und schüchterne kleine Jungen haben es schwer, denn: Aktives, aggressives Verhalten gilt als männliche Norm. Wenn die Gene stimmen, ist aggressive Sexualität als natürlicher, spezifisch männlicher Wesenszug immer vorhanden. Daß sexuelle Aggressivität in ihrer übersteigerten Form bisweilen in Sadismus ausartet und zu Gewaltakten (und Kriegen) führt, wird als unvermeidlich, wenn auch tragisch empfunden. Grundsätzlich gehört es aber zur Natur des Menschen – allerdings nur in seiner männlichen Variante.

Weiblichkeit hingegen definiert sich als eher passiv und unterwürfig. Wildes, ungebärdiges und vielleicht sogar rabiates Verhalten bei Mädchen wird als nicht der Norm entsprechend eingestuft. Bändigung und Domestizierung als Hinführung zum eigentlichen Charakter werden als Lebenshilfe angesehen: Wir wollen nur dein Bestes! Spezifisch weibliches Verhalten manifestiert sich in Qualitäten wie Anpassungsfähigkeit, Unterdrückung unerwünschter individueller Entwicklungen. Schließlich werden ja Hingabe und Aufopferungsbereitschaft gesellschaftlich ebenso dringend gebraucht wie technischer Fortschritt. Der Unterschied ist nur, daß sie von Männern fast nie gefordert werden. Deshalb wird der »feminine Masochismus« gezüchtet. Die Umlenkung selbstzerstörerischer Energien und Impulse auf Objekte außerhalb der eigenen Person ist bei Frauen verpönt. Nur Männern wir gestattet, aggressive Energien auszuleben – eventuell erotisch umzusetzen. Zu diesem Zweck wird die weibliche Neigung zur Unterwürfigkeit, zu mehr oder weniger passivem Erdulden zwangsläufig als Gegenstück benötigt – auch im sexuellen Bereich. Der Gipfel dieser patriarchalischen Ideologie ist sicher die Behauptung, für männliches Gewaltverhalten seien die Frauen immer auch mitverantwortlich. Vor allem Vergewaltigungen und erzwungene Intimitäten in Partnerschaft und Ehe werden damit gerechtfertigt: die biologischen Unterschiede!

> **Wissenschaftlich haben sich die Thesen über biologische Unterschiede in der weiblichen Sexualität längst als unhaltbar erwiesen. Jedoch der Mythos vom passiven Erleben der Frau wird aufrechterhalten.**

Wissenschaftlich haben sich diese Thesen über weibliche Sexualität längst als unhaltbar erwiesen. Der Mythos aber hält sich. Es geht schließlich darum, gewalttätige Handlungen männlicherseits zu tolerieren, zu legitimieren oder gar zu animieren, nicht zuletzt, um Heranwachsenden die Notwendigkeit der Selbstbehauptung nahezubringen. Immer noch werden kleine Jungen aufgefordert, sich zu prügeln, um ihre positive Aggressivität einzuüben, die angeblich für spätere sexuelle Erfolge so wichtig ist.

Wir Frauen haben uns dagegen lange Zeit einreden lassen, wir wären grundsätzlich weniger triebhaft und würden uns deshalb zuerst einmal sexuell verweigern, um dann erhöhte Lust zu empfinden, wenn wir gezwungen werden, dem Mann zu Willen zu sein. Geradezu paradox muß es unter diesen Vorgaben vor allen unerfahrenen jungen Männern erscheinen,

MODEL MUGGING

daß wir auf die lustfeindliche Idee kommen könnten, uns allen Ernstes dagegen zu wehren. Selbst Verhaltensforschungspapst Konrad Lorenz beharrte zielorientiert auf seinen aus Tierexperimenten gezogenen Parallelen. Demnach sind zwanghafte, gewalttätige Angriffe sexueller Art auch als Ausdruck der kulturellen Prägung des Menschen zu interpretieren und zu rechtfertigen – eben als »vererbte Übertragung archaischer Sexualität« und dynamische Errungenschaft der Männchen zum Zweck der Fortpflanzung. Dem müssen sich wohl die Weibchen aller Gattungen fügen!

Schon die alten Babylonier... So beginnen viele Begründungen für unsere unglückliche Konditionierung, die dadurch weiterhin sanktioniert werden soll. Ja, lange vor unserer Zeitrechnung wurden Männergesellschaften begründet, deren Strukturen und Muster noch heute fortwirken. In den meisten antiken Gesellschaften bestrafte man vergewaltigte Ehefrauen ebenso wie die Vergewaltiger – weil sie nicht lautstark genug um Hilfe gerufen hatten, hieß es in einigen Kulturen. Ehebruch war bei den Römern nur strafbar, wenn eine Frau ihn beging. In fast allen Religionen hatte der Mann das verbriefte Recht, seine Frau nach Belieben zu züchtigen.

Das paßt auch heute noch ins System: Wehrhaftigkeit, Verteidigungsbereitschaft oder gar sexuelle Aggressivität werden bei Frauen immer noch nicht gern gesehen.

All diese patriarchalischen Sozialstrukturen gestanden den Männern den alleinigen materiellen Besitz zu – einschließlich der Frauen und Kinder. Wen wundert's, wenn sich heranwachsende Mädchen und junge Frauen auf der Suche nach ihrer Identität schwertun? Ihre Rollenvorbilder in den Schulbüchern sind nach wie vor hauptsächlich orientiert an den weiblichen Qualitäten der bewahrenden Mütterlichkeit, der Friedfertigkeit, Hingabe und Aufopferungsbereitschaft – für die Kinder, für die Alten.

DIE NOTWENDIGKEIT EINER METHODE

So paßt's auch heute noch ins System. Wehrhaftigkeit, Verteidigungsbereitschaft oder gar sexuelle Aggressivität werden bei Frauen nicht gerne gesehen. Tauchen sie als Bedürfnisse auf – immerhin wurden während der antiautoritären Phase der Kindererziehung auch kleinen Mädchen etwas mehr Angriffslust, Trieb- und Lustbefriedigung zugestanden –, dann warnte man schnell vor den Folgen: Spätestens in der Pubertät würde es Konflikte mit den herrschenden Prinzipien geben. Brave Mädchen bekommen immer noch eher einen Mann ab. Besser also, früh übt sich ... und so weiter. Heutzutage steht Angepaßtheit sowieso wieder hoch im Kurs.

DIE UNFÄHIGKEIT ZUR GEGENWEHR ÜBERWINDEN

Gerade die sehr jungen Frauen in den Model-Mugging-Kursen taten sich schwer, den Gedanken zuzulassen, daß sie bei wirksamer Selbstverteidigung unvermeidlich riskierten, dem Angreifer auch schwerere Verletzungen zuzufügen. Frauen um die Vierzig waren weniger zimperlich; die siebziger Jahre mit ihren feministischen und emanzipatorischen Ansätzen haben doch Spuren hinterlassen. Zumindest im zwischenmenschlichen Bereich sehen sie sich eher gleichberechtigt – und fähig, eigene Entscheidungen zu treffen, auch in bezug auf Partnerschaft und Sexualität. Das bedeutet: Sie gestehen Männern aus innerer Überzeugung nicht das Recht zu, sie gegen ihren Willen zu »benutzen«. Im Sprachgebrauch der Jüngeren ist »Emanzen« wieder ein stark negativ besetzter Begriff: gräßliche, unliebenswürdige Frauen, die den Männern das Leben schwermachen, wo sie doch weiche Weiblichkeit – sprich Anlehnung, bereitwillige Sexualität – so dringend brauchen. Etwa als Ausgleich für die Härte des Daseins, in dem ihnen der Überlebenskampf im Beruf und ums Sozialprestige schon alles abverlangt! So verwunderlich es scheint: Die Hälfte der jungen Frauen in den Selbstverteidigungskursen hatte Angst vor einer »Desensibilisierung«. Ihre Vertrautheit mit Männern wollten sie ungern gefährden. Sie fürchteten sich vor »Verrohung«, denn sie wollten lieber »lieb« sein als grob.

> Zur Beruhigung solcher Ängste sei gesagt: Ziel der Selbstbehauptung ist keineswegs die Herabsetzung der Reizschwelle von Toleranz und Harmonie gegenüber dem Partner. Kein sanfter, liebevoller Freund oder Ehemann muß befürchten, daß seine Partnerin trainiert wird, ihre Aggression schlagkräftig auszuleben, nur wenn er mal schlechtgelaunt ist oder eine konträre Meinung vertritt. Im Gegenteil: Verunsicherung fördert Aggression, Selbstsicherheit schützt davor.

MODEL MUGGING

DIE OPFERROLLE

»Eigentlich habe ich nach dem Training was Seltsames an mir beobachtet. Die ohnmächtige Wut, die ich nach dem Überfall gegen alle Männer im Bauch hatte, ist mehr oder weniger verflogen. Sie hat mir ja auch nichts genutzt. Es war die Wut der Hilflosigkeit. Jetzt sehe ich mich nicht mehr als Opfer, also ist auch diese mörderische Wut weg. Ich fühle mich einfach stark, weil ich glaube, einer Situation ganz anders gewachsen zu sein.« Das erklärt nach dem Model-Mugging-Kurs ein junges Mädchen, das zuvor einer Vergewaltigung nur entgangen war, weil zufällig jemand dazukam. Sie war damals so weit demoralisiert gewesen – sagt sie heute –, daß sie sich der Zudringlichkeit des Mannes (im übrigen ein Bekannter der Familie) wehr- und willenlos ergeben hätte. Das beschäftigt sie im nachhinein über Wochen. Sie sprach mit niemandem darüber, zermarterte sich den Kopf, aber sie sah keine Möglichkeit, wie sie von selbst aus der Sache herausgekommen wäre. Nervlich zerrüttet und völlig fatalistisch hatte sie jedes Vertrauen in sich und ihre Rechte und Fähigkeiten verloren. Erst ihre Mutter

Warum beharren so viele auf der vermeintlich unabänderlichen Erkenntnis: Frauen sind die Schwächeren, sie werden immer Opfer bleiben, sich zu wehren ist sinn- und zwecklos?

DIE NOTWENDIGKEIT EINER METHODE

brachte sie schließlich dazu, sich aufzuraffen, um etwas zu tun gegen die entsetzlichen Ängste und Selbstvorwürfe und die vermeintlich unabänderliche Erkenntnis: Frauen sind die Schwächeren, sie werden immer die Opfer bleiben, sich zu wehren sei sinn- und zwecklos. Ja, sie hätte vielleicht sogar riskiert, den Mann durch ihre Gegenwehr noch wütender und brutaler zu machen. Also war es doch wohl besser, die Vergewaltigung in Kauf zu nehmen, als vielleicht sogar noch umgebracht zu werden. Es gab keine Alternative, glaubte sie, aber es war auch kein Leben mehr.

Die Psychologie hat sich mit den verschiedenen Erscheinungsformen der Unfähigkeit zu Reaktion und Gegenwehr vor allem bei jungen Frauen befaßt. Lang andauernde Psychosen und Traumata sind häufig die Folge von sexuellen Übergriffen, wenn sich hinterher auch noch schwere Schuldgefühle der Opfer einstellen. Weibliches Verhalten gegenüber männlichen Aggressionen – so fand man heraus – sei deshalb so stark defensiv geprägt, weil tief in unserem Unterbewußtsein häufig eine Art Sperre zu wirken scheint. Wie eine wohlverdiente Strafe für irgendwelche Übertretungen oder eine Art sich selbst erfüllende Prophezeiung würde eine Vergewaltigung manchmal interpretiert. Deshalb empfinden sich Frauen oft schon psychisch als Opfer, lange bevor ihnen physische Gewalt angetan wird. Dadurch bieten sie sich quasi als leichte Beute an. Sie haben resigniert vor etwas, was sie als unabänderlich ansehen, einfach, weil sie Frauen sind: Es geschieht ihnen recht. Ganz falsch, sagen die Psychologen. Aber: Kampfbereitschaft will eben gelernt sein!

Frauen empfinden sich oft schon psychisch als Opfer, bevor ihnen jemals physisch Gewalt angetan worden ist. Dadurch bieten sie sich quasi als leichte Beute an.

Weil ihnen aggressives Sexualverhalten verboten oder zumindest erschwert wird, auch wenn es sie dazu treibt, befinden sich junge Mädchen manchmal in einer merkwürdigen Gefühlsverwirrung. Sie fühlen sich in gewisser Weise geschmeichelt, wenn sie spüren, daß sie begehrt werden. Auch wenn sich kein Lustgefühl einstellt und der »Verführer« möglicherweise bei seinen Überredungsversuchen Argumente wie Unerfahrenheit oder Frigidität ins Feld führt, lassen sie sich überrumpeln. Sie gestatten zunächst kleine Intimitäten und können dann nicht mehr zurück, oder wagen es nicht, rechtzeitig halt zu sagen. Wer will schon als erotische Spielverderberin gelten!

Genau da liegt die Crux. Sexuelle Selbstbestimmung wird jungen Frauen nie wirklich zugestanden und beigebracht. »Anständig« sollen sie sein, auch wenn die jungen Männer zudringlich sind, ja sein dürfen. Wenn's dann die »große Liebe« ist, dann sollen sie natürlich verfügbar sein, anschmiegsam und willig. Wo sind die Grenzen? Wie regelt sich sexuelle Selbstbestimmung bei jungen Leuten im Zeitalter von Aids? Da gibt es schon genug Ängste. Traumatische sexuelle Erlebnisse lassen sich nicht so schnell vergessen. Schuldgefühle sind vorprogrammiert. Doch keine Frau muß sich schämen wegen ihres mangelnden sexuellen Interesses; sie kann jederzeit frei entscheiden. Sexuelle Nötigung ist sogar strafbar.

Mit all den fatalen Selbstbezichtigungen von Schuld und Unwert, die die

MODEL MUGGING

andauernde Konditionierung des Opferverhaltens untermauern, sollte endgültig Schluß gemacht werden. Unser Verstand sagt uns:

◇ Keiner hat das Recht, mich zu etwas zu zwingen, was ich nicht will.
◇ Ich habe grundsätzlich das Recht, mich zu verteidigen.
◇ Ich kann die Kraft, den Mut, den Willen, die Wachsamkeit und die Entschlossenheit aufbringen, für meine Selbstbestimmung einzutreten, ohne mich deswegen als Emanze beschimpfen lassen zu müssen.
◇ Ich muß mich nicht klein und hilflos machen, um geliebt zu werden.
◇ Ich muß mich aber auch mit bestimmten Tatsachen abfinden.
◇ Allein mit meiner Verteidigungsbereitschaft ist noch nichts erreicht. Ich muß gezielt lernen, wie ich mich wehren kann.
◇ Die Methode der Wahl ist das Model Mugging.

Jetzt brauchen wir noch die emotionale Motivation, um uns den alltäglichen Tatsachen offenen Auges zu stellen.

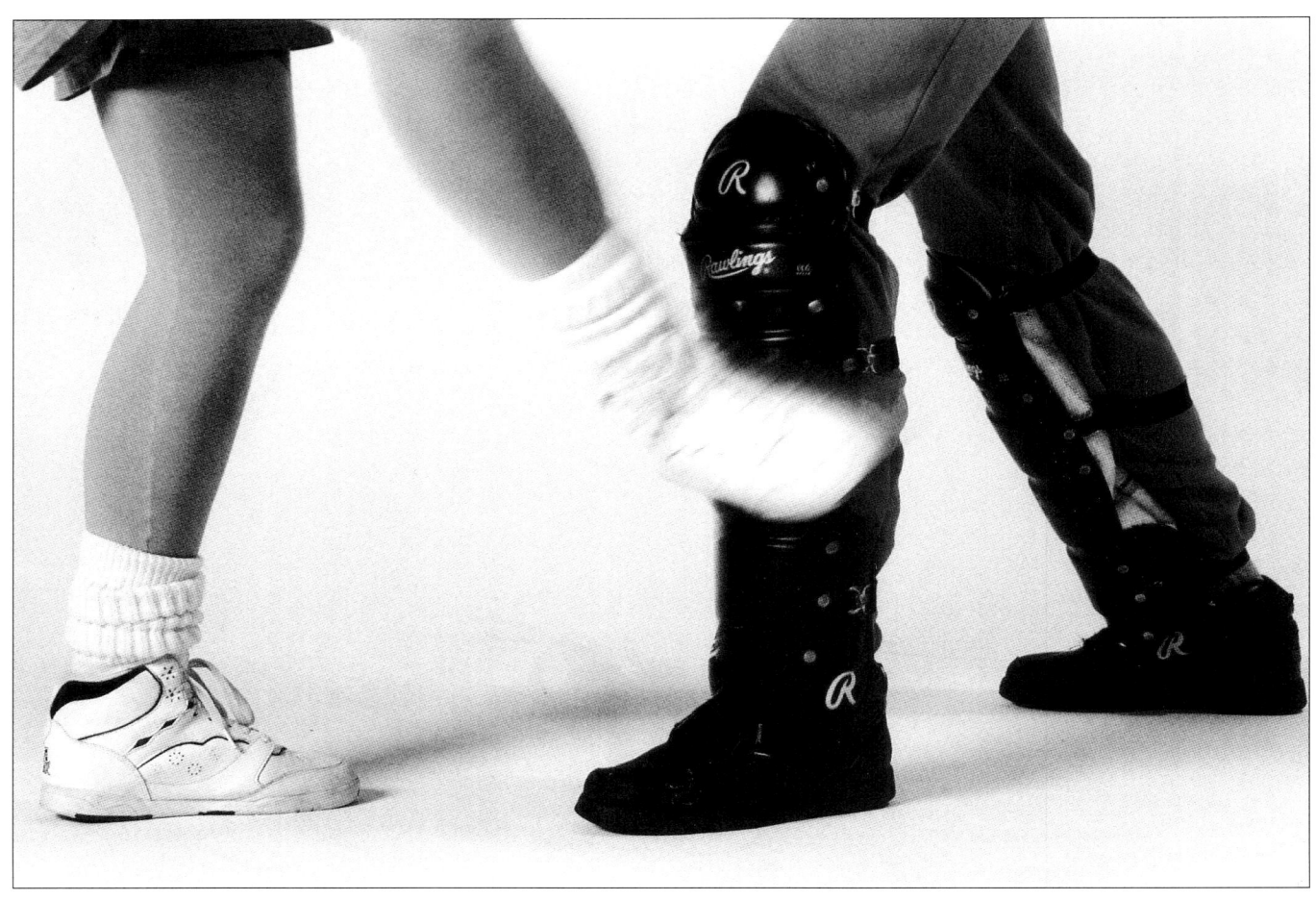

WER SIND DIE TÄTER?

Unser Glaube an die Freundlichkeit und Güte von Männern, die wir gut kennen – Onkel, Lover etc. – scheint erschütterlich. Vertrauen in allen Ehren, aber etwas Wach- und Achtsamkeit, sogar vorsichtiges Mißtrauen wären häufig sehr hilfreich und angebracht. Besonders, wenn folgende Anzeichen auftreten: Verwandte, Lehrer, Kollegen/Vorgesetzte, scheinbar platonische Freunde werden – zunächst fast unauffällig – handgreiflich oder aufdringlich. Unangenehmes Tätscheln, scheinbar zufällige Berührungen an Busen oder Po. Sind wir doch mal ehrlich: Jede Frau merkt, wenn männliche Annäherungsversuche verstohlen über Neckereien, Flirt oder erste Anmache hinausgehen. Manchmal ist's einem ja recht, und alles ist in Ordnung.

Wenn allerdings auf eindeutige Zurückweisung weiterhin gegrapscht wird, ist erhöhte Aufmerksamkeit angebracht: Da will jemand mehr, als ich zu geben bereit bin. Und anscheinend ist er taub auf beiden Ohren. Darum:

◇ Eindeutigkeit ist wichtig! Nicht einerseits geschmeichelt reagieren oder verführerisch mit dem Hintern wackeln, wenn Sie eigentlich meinen: Das geht zu weit!
◇ Gleich im Vorfeld klarstellen, was Sache ist. Nicht erst wenn die Situation prekär wird, drastisch und deutlich »nein« sagen. Sonst wird Ihnen nachträglich der Vorwurf gemacht, Sie hätten die Anmache ja gefördert.

Nach wie vor behaupten Männer, zu sexuellen Belästigungen durch weibliches Verhalten animiert worden zu sein. Manch ein Vergewaltiger konnte schon nachweisen, daß sein Opfer bis zu einem gewissen Grad die Berührungen zugelassen und verbale und tätliche Kontakte nicht gleich zurückgewiesen hätte. Oft ist es ja auch ausgesprochen unangenehm, jemandem »auf die Finger zu klopfen«. Sie tun es wahrscheinlich erst, wenn's gar nicht anders geht. Es geht aber anders. Lassen Sie von Anfang an keine Zweideutigkeiten aufkommen, wenn Sie sicher wissen, daß Sie kein Interesse an Zärtlichkeiten haben. Unentschlossenheit vermittelt ein falsches Bild: Sie sagt »jein«, und man weiß ja, daß Frauen oft erst überredet werden wollen. Ein deutliches Nein ist angebracht. Wird es nicht verstanden, erfolgt am besten eine strenge »Abmahnung«, die unmißverständlich klarmacht: Ich will nicht, und die Ankündigung: Ich weiß mich zu wehren. Und ich tu's auch.

Eindeutigkeit ist wichtig! Ablehnung muß unmißverständlich sein, denn nach wie vor behaupten Männer, zu sexuellen Belästigungen durch weibliches Verhalten animiert worden zu sein.

MODEL MUGGING

Natürlich sollten wir uns auch nicht selbst in irgendwelche heiklen Situationen bringen. Unsere Bewegungsfreiheit wird dadurch zwar hin und wieder etwas eingeschränkt, aber wir müssen – trotz unserer Verteidigungsbereitschaft – die Dinge auch nicht provozieren. Wenn ich vom »lieben, alten Freund« einer guten Bekannten schon mehrmals beim vorsorglich gemeinten nächtlichen Nachhausebringen wider Willen abgeknutscht wurde, dann nehme ich doch beim nächstenmal lieber ein Taxi. Auf jeden Fall lasse ich mich nicht mehr nach Hause begleiten, wenn ich merke, er will einfach nicht kapieren. Es ist zwar eine defensive Maßnahme, aber immer noch besser, als ihn irgendwann drastisch abwehren zu müssen.

AUCH SIE KANN ES TREFFEN!

Leichtgläubigkeit ist manchmal ebensowenig angebracht wie zu großes Mißtrauen. Nicht jeder Mann, der einem nachts auf der Straße begegnet, muß ein potentieller Aggressor sein.

Grundsätzlich aber gilt:
◇ Gewalttäter sind nicht von vornherein als solche zu erkennen.
◇ Der liebe, unauffällige Kollege oder Nachbar kann sich bei Gelegenheit als sexueller Belästiger entpuppen; der friedfertige Ehemann kann beispielsweise in einer Trennungssituation zum brutalen Schläger werden.

»Wie konnte mir das nur passieren?« Diese Frage stellen sich viele Frauen – hinterher. Dabei sind solche Gefahren wirklich oft vorhersehbar. Wenn wir nur nicht so naiv und gutgläubig wären! Wir wollen die Anzeichen manchmal nicht wahrhaben, weil wir sonst einige überkommene Regeln über den Haufen werfen müßten. Gewalt in der Familie ist ein stark tabuisierter Bereich, den aufzubrechen für viele Frauen geradezu ein Sakrileg bedeutet. Auch im privaten Umfeld ist eine gegen die sexuelle Selbstbestimmung gerichtete Situation häufig voraussehbar – und vermeidbar, wenn Sie sich auf Gegenwehr einstellen.

Rund 70 Prozent der sexuellen Nötigungen oder Vergewaltigungen werden von Männern verübt, die aus dem persönlichen Nahbereich einer Frau kommen.

Rund 70 Prozent der sexuellen Nötigungen oder Vergewaltigungen werden von Männern verübt, die mit der Frau entweder verwandt oder befreundet sind oder aus dem persönlichen Nahbereich kommen. Nur in etwa 30 Prozent aller Fälle gibt es keine Beziehung zwischen Opfer und Täter.

Diese Behauptung stammt nicht etwa aus der häufig als Panikmache verschrienen Statistik feministischer Frauenorganisationen, sondern aus dem Mund von Oberstaatsanwalt Jürgen Detken, Leiter des Dezernats »Gewalt gegen Frauen« in Hamburg. Besonders im häuslichen Umfeld bauen die Täter demnach auf die Wehr- und Ahnungslosigkeit ihrer Opfer – und haben so häufig Erfolg damit, weil Scham und Fassungslosigkeit der Mißbrauchten als sichere Garantie gelten, daß hinterher nicht einmal Anzeige erstattet wird.

Dabei wären hier oft Flucht- und ausweichende Kommunikationsmöglichkeiten gegeben. Ablenkungsmanöver und die Bereitschaft, andere auf sich aufmerksam zu machen, oder die Ankündigung, sich mit allen Mitteln zu wehren, würden helfen, die Situation schon im Vorfeld zu entschärfen.

Selbst wenn solche Übergriffe im engeren familiären Bereich noch so peinlich oder unvorstellbar sind, mit etwas Mut und Selbstbewußtsein und der eindeutigen Haltung, sich psychisch nicht unter Druck setzen zu lassen, ist viel gewonnen. Die Tatsache, daß Sie klar und bestimmt für sich das Recht in Anspruch nehmen, sich gegen etwas zu wehren, das Sie nicht möchten, bringt manchmal den Ausweg: Die unmißverständliche Zurückweisung in privater Umgebung läßt den zur Einschüchterung oder Überrumplung bereiten Täter zurückschrecken, wenn er sein Ziel nur mit gewaltsamen Mitteln erreichen kann.

Wer vor einem vorhersehbaren Übergriff einfach nur hofft, daß er doch nicht stattfindet, ist von einer sträflichen Leichtgläubigkeit.

Wie gesagt: »Mir passiert so was nicht« – das mögen zwar viele Frauen glauben, aber nur weil sie die Sache an sich nicht wahrhaben wollen. Doch dies ist eine naive Vogel-Strauß-Politik; spätestens nach einem ersten – hoffentlich abgewehrten – Übergriff sollten Sie diesen Selbstbetrug erkennen und Ihre Taktik ändern.

Wenn Sie vor einem vorhersehbaren Übergriff einfach nur hoffen, daß er nicht stattfindet, ist Ihre Leichtgläubigkeit sträflich. Erfahrungsgemäß hat es wenig Sinn, einen Täter von seinem Vorhaben abzubringen, indem Sie ihn nur bitten, Sie in Ruhe zu lassen, oder ihn auf die Unsinnigkeit seines Vorhabens hinweisen. Wenn dem Angreifer die momentane Situation günstig erscheint, wird er die Tat ausführen.

Sie können aber die äußeren Bedingungen selbst beeinflussen, indem Sie zum Beispiel geistesgegenwärtig das geplante Eintreffen einer anderen Person ankündigen oder gar eine gewisse Willfährigkeit vortäuschen und um einen Moment Aufschub bitten. Damit bringen Sie den Täter in Zugzwang. Sie sind nicht das berüchtigte hypnotisierte Kaninchen vor der Schlange, das er erwartet hat. Und Sie haben dadurch die Situation möglicherweise zu Ihren Gunsten verändert. Zeigen Sie, daß Sie aktiv werden können. Das verblüfft den Angreifer.

◇ Entweder, er gibt den Vorsatz von allein auf,
◇ oder aber Sie halten ihn davon ab, indem Sie Ihre Selbstverteidigungstechniken anwenden.
◇ Denken Sie daran, auch wenn der Angreifer eine Ihnen nahestehende Person ist, haben Sie das Recht zur konsequenten Selbstverteidigung.

MODEL MUGGING

DAS RECHT ZUR SELBSTBEHAUPTUNG

»Ich kann mir nicht vorstellen, vorsätzlich jemanden zu verletzen. Nein, ich will es auch nicht tun.«

Aus dieser Haltung heraus sind, wie wir schon wissen, viele Frauen grundsätzlich nicht bereit, sich mit dem Problem Selbstverteidigung auseinanderzusetzen. Das hat zur Folge, daß sie bestenfalls durch ihre Ignoranz oder naive Unbekümmertheit einer gefährlichen Situation entgehen – weil sie gar nicht erst ängstlich oder verschreckt reagieren, sondern forsch daran vorbeilaufen. Aber genauso häufig geht mangelnde Abwehrbereitschaft einher mit Angst, Verkrampfungen und einem deutlichen Verlust an Lebensqualität. Denn als Konsequenz der Hilflosigkeit in Gefahrenmomenten bleibt nur die Vermeidung von Situationen, in denen mit Aggressionen zu rechnen ist. Das bedeutet, nicht allein auszugehen, vor allem nicht abends, Kontakte mit Fremden zu meiden, immer äußerst vorsichtig und defensiv sämtliches Hab und Gut zu bewachen, überempfindlich zu reagieren, wenn ungewohnte Dinge passieren – und natürlich am besten die potentielle Möglichkeit einer Aggression aus dem Bewußtsein zu verdrängen, auf einen besonderen Schutzengel zu vertrauen: Mich wird es schon nicht treffen. Dabei ist sicher genau das die schlechteste Ausgangsposition für effektives Handeln bei einem An- oder Übergriff. Die Hoffnung, daß nichts passiert, verdrängt jede Motivation zur Gegenwehr, und der dann vielleicht doch stattfindende Überfall bewirkt einen solchen Schock, daß die Angegriffene erst recht unfähig ist, in irgendeiner Weise zu reagieren.

Damit bekräftigen wir nur den alten Mythos von den Frauen, die eben die geborenen Opfer sind und immer noch glauben, es sei besser, Gewalt hinzunehmen, als jemanden zu verletzen.

Damit bekräftigen wir nur den alten Mythos von den Frauen, die eben die geborenen Opfer sind und immer noch glauben, es sei besser, Gewalt hinzunehmen, als jemanden zu verletzen! Verteidigungspotential gleich Null, selbst in einer eindeutigen Notwehrsituation!

DIE JURISTISCHE SEITE DER NOTWEHR

Wenn beim Model Mugging die Rede davon ist, daß die Selbstverteidigungstechniken darauf abzielen, den Angreifer effektiv abzuwehren und dabei Schmerz zuzufügen, dann taucht immer schnell die Frage auf: Wie sieht das juristisch aus?

Wird beim Training auch noch deutlich, welche Folgen der Tritt in die Genitalien, der Schlag auf die Ohren oder der Griff in die Augen haben kann – nämlich erhebliche Verletzungen, schlimmstenfalls gar bleibende Schäden –, dann zweifeln viele an der Angemessenheit dieser Gegenwehr, befürchten gar, daß sie hinterher bestraft werden könnten.

Das bundesdeutsche Strafgesetzbuch sagt klar und deutlich, daß »das Recht dem Unrecht nicht zu weichen braucht«. Daher ist das Recht auf Notwehr gesetzlich verankert worden, und zwar folgendermaßen:

Notwehr setzt einen Angriff voraus, der sich auf jedes Rechtsgut beziehen kann, also ein Angriff auf das Eigentum sein kann (zum Beispiel ein Handtaschenraub), ein Angriff auf die Ehre (das sind Beleidigungen und Beschimpfungen) oder aber der Angriff gegen das Rechtsgut der körperlichen Unversehrtheit: Schläge, Tritte und alle anderen Gewalttätigkeiten, die zu Verletzungen führen können.

Der § 32 (StGB) regelt daher das Recht auf Notwehr wie folgt:

> 1. Wer eine Tat begeht, die durch Notwehr geboten ist, handelt nicht rechtswidrig.
> 2. Notwehr ist die Verteidigung, die erforderlich ist, um einen gegenwärtigen rechtswidrigen Angriff von sich oder einem anderen abzuwehren.

Noch deutlicher sagt der § 33 (StGB), der die Überschreitung der Notwehr betrifft, daß frauenspezifische Notwehrsituationen gut abgedeckt sind. Er lautet:

> Überschreitet der Täter die Grenzen der Notwehr aus Verwirrung, Furcht oder Schrecken, so wird er nicht bestraft.
> Juristisch ist dieser Paragraph kein Rechtfertigungs-, sondern ein Schuldausschließungsgrund.

MODEL MUGGING

Liegt ein Angriff auf die oben genannten Rechtsgüter vor, ist bei der Abwehr von Angriffen in bezug auf Gewaltanwendung dennoch einiges zu beachten:

> ◇ Der Angriff muß »gegenwärtig sein« bedeutet, daß er unmittelbar stattfinden, bevorstehen oder fortdauern muß, wenn die Abwehr erfolgt. Mit anderen Worten: Ein Überfall darf zeitlich nicht Stunden oder gar Tage zurückliegen. Das wäre der Fall, wenn jemand beispielsweise Schläge oder Tritte passiv über sich ergehen lassen hat, dann aber zeitlich versetzt – etwa bei einem zufälligen Treffen – den Gegenangriff startet. Dann hieße es, er schlägt zu einem Zeitpunkt zurück, an dem die Gegenwärtigkeit des Angriffs nicht gegeben ist.
>
> ◇ Der Angriff muß rechtswidrig sein, damit die Notwehr berechtigt ist. Kampfsportsituationen, aber auch Behandlungen beim Zahnarzt oder bei der Kosmetikerin, in die man sich freiwillig begibt, bedeuten eine Einwilligung in möglicherweise verletzende Manipulationen am eigenen Rechtsgut.
>
> ◇ Solange dem Angegriffenen ein Ausweichen möglich und auch zuzumuten ist, wird eine Verteidigung nicht als erforderlich angesehen. Es darf auch nur eine angemessene Verteidigung gewählt werden.

Das heißt, unter mehreren wirksamen Techniken darf nur die am wenigsten schädliche oder gefährliche angewandt werden. Daß es hier einen breiteren Ermessensspielraum gibt, liegt auf der Hand. In einem Faltblatt zum Thema »Sexuelle Gewalttaten an Frauen« fordert die Münchner Polizei radikale Gegenmaßnahmen: »... sich wehren oder nicht?... Wenn Sie sich zur Wehr setzen, dann mit allen Ihnen zur Verfügung stehenden Kräften und Mitteln.« Daran wird wohl deutlich, wie Körperverletzung im Zweifelsfall beurteilt würde. Die gesetzliche Einschränkung der Notwehrsituation mag etwas verwirren, betrifft aber uns Frauen höchst selten. Weil der Notwehrparagraph jedoch auch für Männer untereinander gilt, sind die oben genannten Einschränkungen für die Rechtsprechung notwendig. Es soll ja schon öfter vorgekommen sein, daß sich jemand auf Notwehr zu berufen versuchte, der einem Beleidiger oder Streitgegner vom Vortag mit einem Schlägertrupp zu Leibe gerückt ist und ihm gezeigt hat, was Sache ist. In solchen Fällen ist natürlich die Rechtmäßigkeit des Angriffs ebensowenig gegeben wie in der folgenden Situation: Eine junge Frau wird in ihrer Wohnung von einem Begleiter, den sie gerade kennengelernt hat, sexuell hart bedrängt. Es gelingt ihr, ihn abzuwehren und zu Fall zu bringen. Nachdem es ihr dadurch möglich geworden ist, aus der Wohnung zu flüchten, um Hilfe zu rufen oder den Mann durch Einschließen von sich abzuhalten, wäre es

Das bundesdeutsche Strafgesetzbuch sagt klar und deutlich, daß das Recht dem Unrecht nicht zu weichen braucht. Daher ist das Recht auf Notwehr gesetzlich verankert worden.

nicht gerechtfertigt, den am Boden Liegenden, mit Tritten in den Unterleib oder ins Gesicht zu traktieren und dafür Notwehr geltend zu machen. Würde er sie jedoch schon an der Tür wieder eingeholt haben und weiterhin zudringlich sein, könnte sie eine drastischere Technik anwenden, um ihn k.o. zu schlagen. In diesem Fall wäre nämlich zu erwarten, daß der Angreifer seine Tat fortsetzt oder sich rächt. Trotz allem werden von Frauen nach derartigen Überfällen immer wieder Befürchtungen geäußert, daß sie bei Anzeigen oder Prozessen in einer Weise behandelt werden könnten, die sie sich lieber nicht zumuten möchten. Oft sind die in der Aufregung einer polizeilichen Vernehmung gemachten Aussagen so wirr oder widersprüchlich, daß sich eine Überfallene bei späterer Konfrontation in die Enge getrieben fühlt. Hat sie vielleicht doch selbst durch ihre Kleidung, ihr Verhalten dazu beigetragen? Auch mit dieser Legende muß endlich Schluß sein!

◇ Nach polizeilicher Erfahrung kann eine Frau unabhängig von ihrem Aufenthaltsort, ihrem Alter, ihrem Aussehen, ihrer Kleidung oder ihrem Verhalten angegriffen werden. Scham und Schmerz sind um so größer, wenn der Täter etwa der eigene Freund oder Ehemann war. Und plötzlich tauchen Zweifel auf, ob die Anzeige nicht lieber unterbleiben sollte.

◇ Wie oft bleibt eine Tat ungeahndet, weil die Angst der betroffenen Frau vor dem »Danach« mit Polizei und Gericht größer ist als die Erniedrigung.

Nach Wut, Empörung, Demütigung und Leid werden auch noch Schuldgefühle produziert. Der Rückfall in alte Rollenvorstellungen von Erdulden und Unterwerfen bewirkt im nachhinein, daß es weiblichen Opfern von Straftaten schwerfällt, sich jemandem mitzuteilen.
Die Frauenbeauftragten der Städte und Gemeinden und der polizeilichen Behörden treten dafür ein, daß sich diese Einstellung ändert. In Gedanken müßten sich alle Frauen rechtzeitig und prophylaktisch damit auseinandersetzen, wie sie sich nach einer Mißhandlung oder sexuellen Belästigung zu verhalten haben. Hier eine Anleitung, die sich gerade Model-Mugging-Absolventinnen zu Herzen nehmen sollten, da sie die größten Chancen haben, einen Täter außer Gefecht zu setzen und dann auch anzuzeigen.

MODEL MUGGING

WAS BEI ERSTATTUNG EINER ANZEIGE BEACHTET WERDEN SOLLTE

◇ Jede Straftat sollte angezeigt werden. Selbst wenn es Ihnen gelungen ist, sie abzuwehren, ohne daß ihm oder Ihnen Verletzungen zugefügt wurden, sollten Sie die Polizei verständigen. Sie vergrößern damit die Chancen, den Täter zu ermitteln, und Sie schützen sich und mögliche weitere Opfer.

◇ Sie müssen nicht erst die Nummer des für das jeweilige Delikt zuständigen Kriminalkommissariats ausfindig machen, der Notruf 110 ist zunächst die richtige Anlaufstelle. Sagen Sie kurz, worum es geht, dann entscheiden die Beamten, was getan werden muß: Verfolgung des Täters, Spurensicherung am Tatort und so weiter.

◇ Für die spätere Vernehmung durch die Kriminalpolizei – auf Wunsch wird Sie eine Kriminalbeamtin befragen – sollten Sie sich am besten schriftliche Notizen über den Tathergang machen. Alle Details eines Angriffs können wichtig sein, weil bestimmte, individuelle Vorgehensweisen, besonders bei Sexualdelikten, charakteristisch sein können für einen Wiederholungstäter. Wenn der Tatverlauf unvollständig oder auch ungenau geschildert wird – weil Sie sich vielleicht selbst schützen wollen, wenn Sie beispielsweise einen Täter bei Ihrer Selbstverteidigung erheblich verletzt haben –, ist das der Wahrheitsfindung alles andere als dienlich.

> Sie haben sich dem Gesetz nach in einer Notwehrsituation befunden – egal, ob privat oder im öffentlichen Umfeld, wenn
>
> ◇ Ihre sexuelle Selbstbestimmung
> ◇ Ihre persönliche Ehre
> ◇ Ihr Leben und Ihre körperliche Unversehrtheit
> ◇ Ihre persönliche Freiheit
>
> angegriffen worden sind.

Bei all diesen Straftatbeständen ist bei Vernehmungen durch die Kriminalpolizei, durch die Staatsanwaltschaft oder das Gericht die Anwesenheit Ihres Rechtsanwalts oder einer anderen Person Ihres Vertrauens auf Antrag zulässig. Ihr Anwalt hat auch das Recht, bei einer Gerichtsverhandlung den Ausschluß der Öffentlichkeit zu beantragen.

Sie können sich in den oben genannten Fällen der Klage der Staatsanwaltschaft als Nebenklägerin anschließen. Wenn der Beschuldigte verurteilt wird, muß er im Regelfall auch Ihre Verfahrenskosten tragen.

Gerade bei Tatbestand Vergewaltigung oder deren Versuch sind sowohl die Kriminalpolizei als auch die Gerichte inzwischen »sensibilisiert« für die psychischen Belastungen, unter denen die Opfer leiden. Sie versuchen, behutsam zu sein, müssen aber doch oft unangenehme Fragen stellen. Trotz allem Verständnis für die Schocksituation nach Sexualdelikten braucht die Polizei möglichst präzise Angaben. Deshalb sollten Beweisstücke wie Kleidung und andere Gegenstände, mit denen der Täter in Berührung gekommen ist, unbedingt unverändert aufbewahrt – also auch nicht gewaschen oder gesäubert – werden. Am besten, Sie lassen sich sofort von einer Ärztin Ihres Vertrauens untersuchen, wenn Sie verletzt wurden. Auch im Bereich des eigenen Körpers wird die Spurensicherung durch sofortiges Waschen oder Duschen erheblich erschwert. Bei oder vor einem Notzuchtverbrechen oder einem Vergewaltigungsversuch getragene Wäschestücke sollten nicht vernichtet werden, selbst wenn Sie das Bedürfnis haben, sie nach einer solchen Tat möglichst schnell loszuwerden. Für eine spätere Beweisführung zwecks Verurteilung des Täters sind alle Details und Indizien von größter Wichtigkeit.

Trotz allem Verständnis für die Schocksituation der Betroffenen nach Sexualdelikten braucht die Polizei möglichst präzise Angaben.

Wenn eine Frau das Model Mugging bzw. die Technik der Selbstverteidigung beherrscht, dann ist sie in der Lage, fast jede Angriffssituation für sich zu entscheiden. Ihre Selbstsicherheit und ihr kühler Kopf verhindern Panik und Hilflosigkeit. Sie hat Ängste abgebaut und an Stärke gewonnen. Möglicherweise fühlt sie sich weniger gefährdet als früher, besser gewappnet gegen Aggressionen, eher bereit, Situationen »herunterzuspielen« mit dem Argument, sie in den Griff zu bekommen.

Aber gerade deshalb sollte sie sich vor Augen halten: Gewalt gegen Körper und Seele ist ein Unrecht, das sie nicht hinnehmen muß. Einen Gewalttäter braucht man wirklich nicht mit Glacéhandschuhen anzufassen. Er kriegt nur, was er verdient. Mit dieser Einstellung sollte es jeder Frau gelingen, ihre Unfähigkeit zur Gegenwehr zu überwinden.

METHODIK DES MODEL MUGGING: EINSTIEG UND ÜBERBAU

4

»Das Training ist im Prinzip überall möglich, wo es einen weichen Untergrund gibt – am Sandstrand, auf einer Wiese, in einem Raum mit weichem Teppich«, sagt Michael Kelm. Seine Kurse finden meist in Sportzentren oder Fitneßclubs statt. In unserem Fall ist es ein geräumiger Gymnastikraum. Eine Reihe von Sitzmatten befindet sich an einer langen Wand gegenüber der Fensterfront. Etwa ein Drittel des länglichen Raums ist durch zwei Pfeiler abgeteilt. An einem lehnt ein lederner Sandsack, wie man ihn beim Boxen benutzt, am anderen eine entfernt menschenähnliche Dummy-Puppe: überlebensgroß, aus dickem Schaumgummi mit derbem Kunststoff überzogen, Rumpf und Extremitäten grob vereinfacht, stilisierter Kopf.

Wir – das sind sechs Kursteilnehmerinnen zwischen Anfang Zwanzig und knapp Fünfzig – nehmen auf den Sitzmatten im Gymnastikraum Platz. Trainer Michael und seine Assistentin tragen Turnschuhe und Jogginganzüge. In der Mitte des größeren Raumteils liegen dickere Gymnastikmatten, weiter hinten Michaels Model-Mugging-Utensilien: der gepolsterte Monsterhelm, ein unförmiger Kunststoffanzug mit langen Reißverschlüssen, Beinschienen wie beim Eishockey, Schaumgummipolster und Handtücher. Für die drei ersten Trainingstage ist uns die übliche bequeme Sport- und Freizeitkleidung empfohlen worden. Wir würden ins Schwitzen kommen, prophezeite man uns. Am besten sollten wir unter dem Sweater noch ein leichtes T-Shirt tragen, damit wir uns gegebenenfalls freimachen könnten, und nicht zu schwere, aber dennoch stabile Schuhe: Turnschuhe, Stiefel, Straßenschuhe – bloß keine dünnen Gymnastikschühchen. Alle sind einigermaßen vorschriftsmäßig gekleidet. Am letzten Tag – bei der »Erfolgsprüfung« – könnten wir ruhig Absatzschuhe tragen, wenn wir wollten, heißt es, auch Pumps oder Highheels. Gegen normale Alltagskleidung sei nichts einzuwenden, um eine möglichst reale Situation herzustellen. Schließlich könnten wir uns im Ernstfall auch nicht erst umziehen, sondern müßten möglicherweise im schicken Kostüm oder auch im Nachthemd Widerstand leisten. Allerdings sollten wir damit rechnen, daß die Kleidung lädiert würde. Ein enger Rock etwa könnte aufreißen, Jacke oder Bluse zerfetzt werden, Absätze abbrechen. Schmuck und Uhren könnten ebenfalls kaputtgehen, im Kurs sollten sie abgelegt werden. Wir hören uns das an, noch

Das Training ist im Prinzip überall möglich, wo es einen weichen Untergrund gibt – in einem Raum mit weichem Teppichboden, auf einer Gymnastikmatte, am Sandstrand, auf einer Wiese.

MODEL MUGGING

etwas verständnislos zwar, aber bereit, zu tun, was verlangt wird. Um es gleich vorwegzunehmen: Am letzten Tag riskierte keine von uns, ihre Privatkleidung zu ruinieren. Alle trugen nach wie vor die strapazierfähigen Sportklamotten und -schuhe. Aus gutem Grund!

DIE KONFRONTATION

»Sie sind gekommen, weil Sie lernen wollen, wie Sie sich schützen und verteidigen können, wenn Sie bedroht oder angegriffen werden.« Michael Kelm kommt schnell zur Sache. »Dazu gehört, daß Sie sich klarmachen: Die Gefahr besteht wirklich. Ein Überfall, ein Vergewaltigungsversuch – das sind keine Phantasien, das kann Ihnen allen schon morgen passieren.« Wir glauben es ihm, schließlich kennen wir die Statistiken. Und doch bringt uns Michael auf einen Punkt, den wir nicht so gern wahrhaben wollen: Wenn man sich vor etwas fürchtet, entsteht oft ein seltsamer innerer Verdrängungsmechanismus. Um die Angst zu überwinden, wird abgewiegelt, wird vermieden, klar zu sehen. Es ist wie eine absichtliche Beschwichtigung, die uns glauben machen will: Das geht schon gut, das ist gar nicht so gefährlich. Aber diese Bagatellisierung kann fatal sein. Sie läßt uns die Dinge anders sehen, als sie in Wirklichkeit sind.

Deshalb erklärt Michael, was es auf sich hat mit dem Spruch: »Einer Gefahr ins Auge sehen«: Das Nicht-Wahrhaben-Wollen von Gefahr ist gefährlich. Nur wenn wir uns gefaßt machen auf einen möglichen Angriff, sind die Sinne geschärft und objektiv auf die Geschehnisse und Umstände gerichtet. Wir sind in der Lage, die Situation richtig einzuschätzen. Unsere Verteidigungsbereitschaft wird rechtzeitig geweckt. Das Reaktionsvermögen ist nicht blockiert. Ob wir richtig reagieren, hängt davon ab, daß unser Denken logisch und nicht panisch ist. Wer klar die Gefahr erkennt, kann überlegter handeln, als wenn er eine Situation falsch eingeschätzt hat und durch unerwartete Umstände überrascht wird.

Wenn man sich vor etwas fürchtet, entsteht oft ein seltsamer innerer Verdrängungsmechanismus. Um die Angst zu überwinden, wird abgewiegelt, wird vermieden, klar zu sehen.

Eins müssen wir uns klarmachen: Der Täter weiß, was er will, wenn er sein Opfer anvisiert – sein Handeln ist vorsätzlich. Das Ignorieren seiner Absicht hilft sicher nicht. Nur durch frühzeitiges Erkennen der Gefahrensituation haben wir die Chance, den Ausgang für uns zu entscheiden. Darauf baut Model Mugging auf, erklärt Michael: »Ihre Entschlossenheit muß prinzipiell, muß tief in Ihnen verwurzelt sein. Erstens: Ich wehre mich. Zweitens: Den schaff' ich, den kann ich überwinden, der wird sein blaues Wunder erleben.« Wir sind noch nicht wirklich überzeugt. Die meisten hatten eher das Gefühl, es ginge darum, die Gefahr herunterzuspielen. Das Gegenteil ist der Fall: Wir müssen uns stellen. Wie wir das machen sollen, werden wir am Ende des Kurses mit Sicherheit begriffen haben, tröstet uns der Model Mugger Michael. Die spezifische Situation eines Überfalls, die Stärke und Größe eines Angreifers, seine Absichten und sein

Vorgehen können nicht präzis und in allen Einzelheiten vorhergesehen werden. Auf welchem Gelände ein Angriff stattfindet – Asphaltstraße, Treppenhaus oder unebener Untergrund im Park –, ist nicht vorherzubestimmen. Unser klarer Kopf muß uns helfen, erfinderisch zu sein, den Einsatz unterschiedlicher Techniken und Taktiken abzuwägen.

Das Wichtigste sind der Wille, die Motivation und das gesunde Vertrauen, es zu schaffen und als Siegerin aus der Konfrontation hervorzugehen. Dadurch wird das richtige Handeln bestimmt. Es muß da ansetzen, wo es beim Angreifer die größte Verblüffung hervorruft.

SCHMERZPUNKTE TREFFEN

»In bezug auf reine Muskelkraft sind Männer zwar oft stärker als Frauen, aber jeder männliche Körper hat verletzliche Stellen, und jeder weibliche Körper hat mächtige Waffen, die auf diese Stellen gerichtet werden können.« Das behaupten Denis Caignon und Gail Groves in ihrem Buch *Schlagfertige Frauen – Erfolgreich wider die alltägliche Gewalt*. Sie müssen es wissen, denn ihr Buch dokumentiert eine erstaunliche Anzahl von Beispielen, in denen Frauen in bedrohlichen Situationen keineswegs den Kopf verloren haben. Alle hatten Angst, wenn ihr Leben auf dem Spiel stand, aber sie gerieten nicht in Panik, sondern wußten sich erfolgreich zu wehren – mit Gegengewalt und mit der Absicht, Schmerz zuzufügen. Das bedeutet für die meisten Frauen zunächst Überwindung. Die empfindlichsten Stellen am Körper des Mannes sind durchweg Tabuzonen – die Stellen, die Frauen sich häufig scheuen, als Zielpunkte ihrer Gegenwehr ins Visier zu nehmen: der Genitalbereich, der Kopf und vor allem die Augen. »Da hilft nichts: Nur durch hartes Treffen der extremen Schmerzpunkte, durch bewußtes Verursachen von schmerzhaften Verletzungen werden Schocksituationen hergestellt, die Sie dann nutzen können; durch nochmaliges stärkeres Schmerzzufügen an der gleichen oder an einer anderen Stelle. Und durch den unabdingbaren Vorsatz, immer wieder starke Schmerzen zu verursachen – bis zur endgültigen Aufgabe oder Kampfunfähigkeit des Angreifers.« Michael Kelm kennt kein Pardon für seine gewalttätigen Geschlechtsgenossen.

Die empfindlichsten Stellen am Körper des Mannes sind durchweg Tabuzonen – Stellen, die Frauen sich häufig scheuen, als Zielpunkte ihrer Gegenwehr ins Visier zu nehmen.

Wir sind betroffen. »Ihre Motivation muß sein, so unbeschadet wie möglich aus der Sache herauszukommen. Wie kann Ihnen das anders gelingen, als sich den Typ – ganz wörtlich genommen – vom Hals zu schaffen! Erst danach gibt es verschiedene Möglichkeiten des Entkommens: Weglaufen, so lange er sich krümmt vor Schmerz oder gar am Boden liegt, laut um Hilfe rufen – und wenn es nicht anders geht, müssen Sie weitermachen, selbst mit lebensbedrohlichen Attacken, müssen konsequent Tritte und Schläge austeilen, bis der Angreifer erledigt ist.« Natürlich geht es um die Verhältnismäßigkeit der Gegenwehr. Aber grundsätzlich besteht das Recht auf Not-

MODEL MUGGING

wehr (siehe Rechtssituation, Seite 43 ff.). Dennoch, einen Halbwüchsigen, der versucht, mir die Handtasche zu entwenden, muß ich nach errfolgreicher Verteidigung meines Eigentums meist nicht noch krankenhausreif schlagen, bevor er von mir abläßt. Einen Sexualtäter allerdings, bei dem ich die Absicht erkenne, daß er von seinem Vorsatz nicht abzubringen ist, so lange ich ihn nicht außer Gefecht gesetzt habe, werde ich wohl ohne Rücksicht auf Verluste weiter attackieren müssen – bis er endgültig k.o. ist.

Ziel des Model-Mugging-Kurses ist, die richtige und wirkungsvollste Art der Abwehr zu vermitteln. Der erste Schritt muß sein, die psychologische Bereitschaft zur konsequenten Verteidigung zu wecken.

»Ich hoffe, diese Einführung hat Sie genügend motiviert«, sagt Michael Kelm. »Im Lauf des Kurses werden wir aber in Einzelheiten immer wieder überprüfen, inwieweit diese Vorbedingung erfüllt ist.« Die zweite Phase beinhaltet das Üben und Erlernen der einzelnen Techniken in der genau richtigen Härte und Abfolge, die für die Befreiung aus der jeweiligen

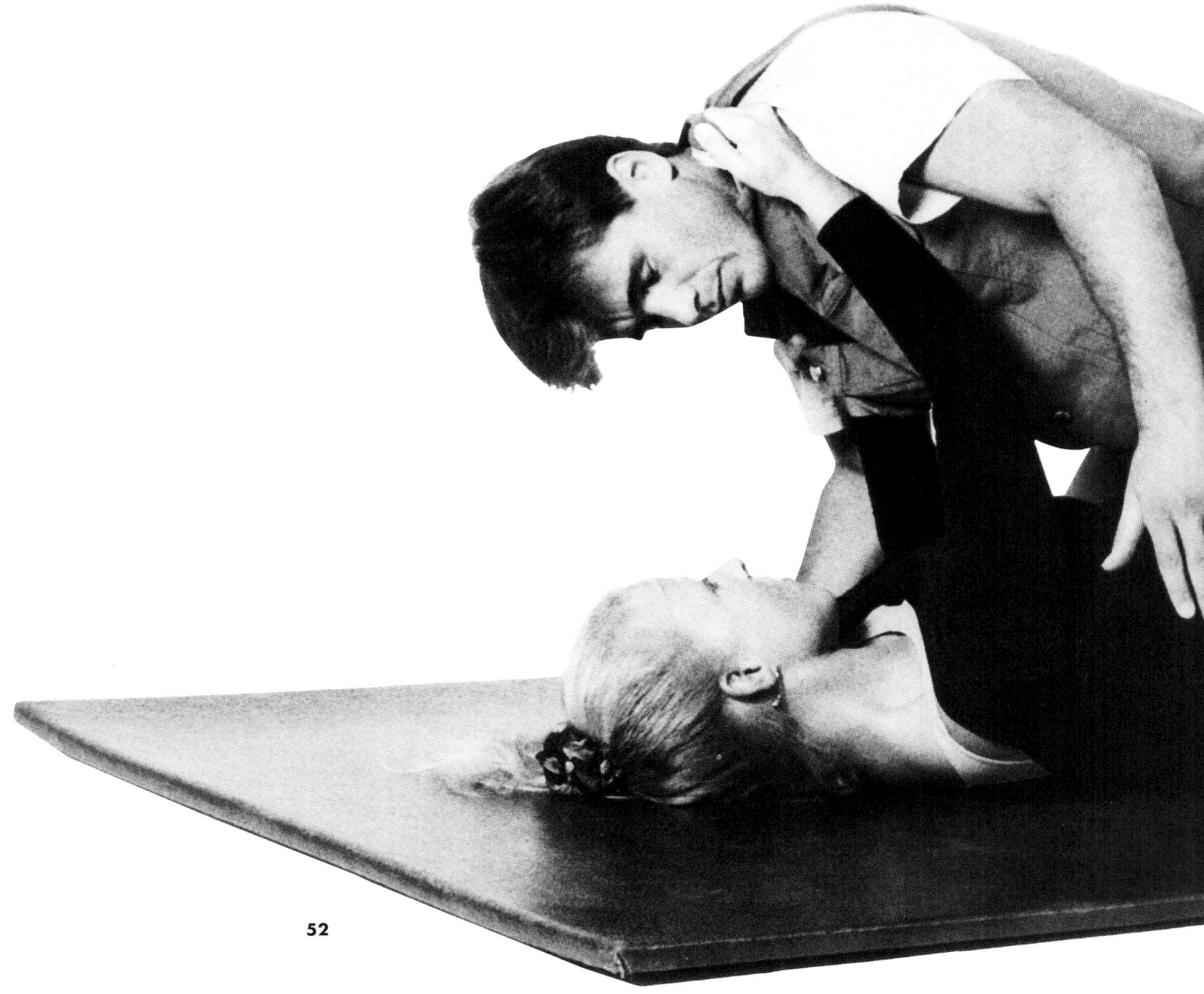

Aggressionssituation notwendig ist. »Gegen Ende dieses Wochenendes werden Sie das ganze Repertoire der Techniken kennengelernt haben. Dann dauert es ein paar Tage, bis sich das Gelernte gesetzt hat. In einer Woche geht es um den selbständigen Einsatz der Abwehrmaßnahmen und um die Überprüfung des Erlernten.« Der dritte Schritt soll den Teilnehmerinnen des Kurses die absolut sichere Erkenntnis bringen, daß sie in der Lage sind, die Techniken im Ernstfall auch anzuwenden, und daß das Gelernte für immer im Unterbewußtsein gespeichert ist. »Sie werden nach den zwei Trainingswochenenden alle feststellen«, erklärt Kelm vollkommen überzeugt, »nicht ob, sondern daß sie es beherrschen. Einige Wochen später können Sie wieder hierherkommen und zur Kontrolle einen Verteidigungsversuch mit mir ausprobieren. Ich brauche Helm und Anzug nie so nötig wie bei dieser Überprüfung.« Die meisten Absolventinnen des Kurses nehmen aber die Kontrollüberprüfung gar nicht in Anspruch. Sie sind absolut davon überzeugt, daß sie von nun an verteidigungsbereit und -fähig sind. »Das hat mit dem gestärkten Selbstbewußtsein zu tun, das sozusagen als Nebeneffekt des Model-Mugging-Trainings entsteht«, behauptet Michael. »Sie alle werden sich noch wundern, was in Ihnen steckt!«

Ziel des Model-Mugging-Kurses ist es, die richtige und wirkungsvollste Art der Abwehr zu vermitteln und die psychologische Bereitschaft zur konsequenten Verteidigung zu wecken.

MODEL MUGGING

DIE ERWARTUNGSHALTUNG

Während die Assistentin dem Trainer Michael in den Schutzanzug hilft, sitzen wir sechs Frauen etwas beklommen da: eine Mutter mit ihrer Tochter, eine junge Managerin, eine Kriminalkommissarin, eine Lektorin und ich. Ziemlich unterschiedliche Typen. Eine kleine, sehr zierliche Frau Anfang Dreißig, eine große, schlanke Supersportliche, eine zarte jugendliche Tochter neben der leicht verängstigten, etwas steifen Mutter, eine nicht ganz junge, sehr kleine Person, eine mittelgroße, recht stabile knapp Fünfzigjährige. Die Gründe, weshalb wir diesen Kurs machen wollten? Bis auf die Jüngste haben wir eigentlich alle bisher keine dramatischen negativen Erfahrungen mit Überfällen. Doch alle sind wir sensibilisiert für die Einschränkungen, die Frauen unter bestimmten Umständen in der Öffentlichkeit – und im Privaten – in Kauf nehmen müssen, wenn sie sich nicht irgendwelchen Gefahren aussetzen wollen. Alle sechs sind wir neugierig, ob das Model Mugging »wirkt«. Alle geben zu – auch wenn es manche nicht gern wahrhaben wollen –, daß sie vor allem nach Einbruch der Dunkelheit nicht ganz angstfrei einsame Straßen, Hofeinfahrten und Tiefgaragen betreten. Alle versprechen wir uns mehr Sicherheit und Mut zur Selbstbehauptung durch das Beherrschen einer wirksamen Selbstverteidigungsmethode – und damit mehr Freiheit.

DIE ÄNGSTE DER FRAUEN

Ein gewisses Maß an Angst ist lebensnotwendig. Es hilft uns, wachsam zu sein und Gefahren richtig einzuschätzen, um dann auch angemessen zu reagieren. Erstrebenswert ist und bleibt, allein unbesorgt ausgehen zu können, nicht aus Angst vor Belästigungen und Überfällen auf abendliche Veranstaltungen, Reisen und einsame Spaziergänge verzichten zu müssen.

Wovor sich Frauen fürchten, wurde 1992 in einer repräsentativen Studie der DMF-GETAS Institute im Auftrag von »Brigitte« ermittelt.

74% fühlen sich nach Einbruch der Dunkelheit auf der Straße gefährdet

62% fühlen sich exponiert, wenn sie in einer Sportanlage oder im Park joggen, radfahren oder spazierengehen

51% fürchten dunkle Hauseingänge und Kellerräume

63% fürchten sich in einem Fußgängertunnel oder unter einer Brücke

58% ängstigen sich in Parkhäusern, Tiefgaragen und auf Parkplätzen

20% haben allein in der Wohnung häufig Angst. Bei den über Fünfundfünfzigjährigen sind es sogar 30%.

Gemeinsam war allen Kursteilnehmerinnen, daß bisher kaum eine von uns bereit gewesen war, in irgendeiner Form Gewalt anzuwenden. Alle wollten eher ausweichen, lieber die Flucht ergreifen, als Gegenwehr leisten. Das war unser ganz spezielles »Ding«: Wir hatten uns der Tatsache zu stellen, daß wir lernen mußten, einem anderen physischen Schmerz zuzufügen und zu akzeptieren, daß wir ihn lebensbedrohlich verletzen konnten. Auch die Angst davor mußten wir überwinden. Nicht kämpfen, Schmerz zufügen, war das Ziel. Den Gedanken an Fairneß sollten wir gar nicht erst aufkommen lassen.

TRAININGSVORSCHRIFTEN

Jetzt wird es ernst. Trainer Michael Kelm steht in seinem Monsteranzug vor uns auf der Matte, den Schutzhelm hat er in der Hand. »Wenn wir jetzt mit den praktischen Übungen beginnen, ist eins ganz wichtig: Genau zuhören! Genau das tun, was ich sage! Dazu gehört auch, meine Anweisungen erst zu Ende anzuhören, bevor Sie etwas ausprobieren.« Wir nicken. Solche Disziplinierungsvorschriften scheinen uns überflüssig. Michael fährt eindringlich fort: »Ich will damit sagen: Obwohl ich in diesem Schutzanzug stecke, bin ich gefährdet durch Ihre Tritte und Schläge. Ich möchte darauf vorbereitet sein, wenn sie erfolgen. Also, noch einmal: Ich sage, was Sie wann machen sollen, erkläre den genauen Bewegungsablauf. Und erst, wenn ich das Kommando ›Jetzt!‹ gebe, bin ich darauf gefaßt, bin in der richtigen Position, um Ihre Reaktionen abzufangen, ohne verletzt zu werden.« Da ist sie wieder, diese Befürchtung, jemanden zu verletzen. Aber auch die Zweifel sind da: Ich kann mir nicht vorstellen, daß ich die Kraft habe, dem Trainer durch den zehn Zentimeter dicken Schutzanzug weh zu tun. Noch weniger durch den unförmigen, dick verstärkten und abgepolsterten Helm mit den drei winzigen Löchern für Augen und Mund und den zwei Ohrlöchern. Absolut übertrieben, daß er da hindurch noch meine Püffe spüren kann. Wahrscheinlich ist das Michael Kelms besondere Show, damit wir uns fit und stärker fühlen, als wir sind! Michael weiß von diesen Zweifeln, liest sie von unseren Gesichtern ab.

Die Bewegungsabläufe sind schnell einer Art Automatik unterworfen. Auf einen bestimmten Auslöser hin wird eine vorgegebene Abfolge von Abwehrmaßnahmen abgespult.

»Wenn Sie es jetzt auch nicht glauben wollen, Sie werden es später selbst erleben. Deshalb also noch ein weiteres Mal die Bitte: Erst nachdem ich Sie durch Antippen und mein Kommando – ›Jetzt!‹ – aufgefordert habe, dürfen Sie die jeweilige Abwehrtechnik anwenden.« Er wird uns wieder und immer wieder daran erinnern müssen, denn bald schon sind unsere Bewegungsabläufe einer Art Automatik unterworfen. Sie scheinen zwangsläufig auf einen bestimmten Auslöser hin eine vorgegebene Abfolge von Abwehrmaßnahmen abzuspulen, die sich schon nach kurzer Zeit unserem Unterbewußtsein eingeprägt hat. Kelm bezeichnet diesen Vorgang ganz einfach als einen natürlichen Reflex.

MODEL MUGGING

WIE FUNKTIONIERT EIN REFLEX?

Ein Reflex ist eine ungelernte, unwillkürliche und automatische Reaktion auf einen Reiz – einen inneren wie einen äußeren –, die einen gewissen Erregungszustand hervorruft. In einem dafür zuständigen Reflexzentrum erfolgt eine entsprechende Antwort, je nachdem, ob der Reflex ein motorischer (wie beim bekannten Kniereflex) oder ein Fremdreflex ist. In unserem Fall handelt es sich um einen defensiv-protektiven Fremdreflex, der erst auf dem Umweg über angelernte Verhaltensweisen die sogenannte Orientierungsreaktion auslöst. Pawlow und Sokolow – die berühmten russischen Verhaltensforscher – prägten dafür den Ausdruck *orientation reflex* und meinen damit eine Reaktion, hinter der die Frage steht: *What is it?* Also eine Art natürlicher Neugierimpuls: Mal sehen, was das zu bedeuten hat? Es löst eine relativ unspezifische Reaktion des gesamten Organismus aus mit dem Zweck des schnellen und adäquaten Erfassens einer veränderten Reizsituation.

Alle Phänomene, die einen Reflex begleiten, haben die richtige Einschätzung der Situation und die folgerichtige Handlung bzw. Abwehr zum Ziel.

Die Komponenten dieser Veränderung sind in allen Sinnesorganen spürbar (zum Beispiel als Erweiterung der Pupillen, Herabsetzung der Empfindungsschwelle), aber auch in der Skelettmuskulatur (zum Beispiel reflexartige Kopfdrehung in Richtung der Reizquelle) und darüber hinaus in einer Vielfalt von vegetativen Reaktionen:

◇ Sensibilisierung aller Sinne
◇ optimale Erfassung der Reize
◇ Spannung der Muskulatur als eine Bereitschaft, Bewegungen oder Handlungen einzuleiten
◇ Verkürzung der Reaktionszeit
◇ Erhöhung der Blutzufuhr im Gehirn, Verbesserung der Greiffähigkeit der Handflächen, der zentralnervösen Aktivität

Alle Phänomene, die einen Reflex begleiten, haben die richtige Einschätzung der Situation und die folgerichtige Handlung bzw. Abwehr zum Ziel. Sind auf diesem Gebiet bestimmte Muster erlernt worden und im Unterbewußtsein gespeichert, werden die Reaktionen automatisch ausgelöst. Beim Model Mugging bedeutet das beispielsweise: Auf einen Umklammerungsgriff von rückwärts erfolgt als erstes automatisch der Tritt nach hinten gegen das Schienbein des Angreifers. Dann wird die Schreck- und Schmerzsituation schnellstens genutzt für die Befreiung von der Umklammerung. Alles weitere ergibt sich aus der jeweiligen Gesamtsituation. Abrufbar ist allerdings nur, was vorher explizit eingeprägt und gespeichert wurde. Und das muß auf bestimmte Weise eingeübt werden.

DAS AUSLÖSEN EINES REFLEXES

Wiederum ist es Pawlow, der als erster allgemeingültige Aussagen über die Zusammenhänge von Konditionierung und Reflexauslösung machte. Er entdeckte das Prinzip der Steuerung von Reflexreaktionen durch ursprünglich neutrale Außen- oder Umweltreize. Die in seinen berühmten Hundeversuchen gewonnenen Erkenntnisse lassen sich auch auf ganz andere Bereiche übertragen. Bestimmte Umgebungsreize werden demnach in raumzeitlichem Zusammenhang mit angelernten Verhaltensweisen gekoppelt, wenn diese Kopplung durch positive Erlebnisse »erlernt« worden ist. Dabei handelt es sich nach Pawlow um eine Art Erregungsübertragung im Großhirn. Sogenannte gekoppelte Reize – etwa mit Abwehr, Furcht oder Angst verbundene Reize – haben ein breites Generalisierungsspektrum und können dabei als Verstärker von natürlichen Reaktionen wirken. In bezug auf Lernen (gemeint sind Veränderungen des individuellen Verhaltens auf bestimmte Reize, Signale, Objekte und Situationen, die ihre Grundlage in wiederholten Erfahrungen haben) ist bekannt, daß automatisch registrierte und bewußt verarbeitete Verhaltensweisen nur dann erfolgreich sind, wenn sie als wiederholte Kopplung wirken. In der Verstärkung dieser Kopplung begründet sich die Pawlowsche Theorie der klassischen Konditionierung: Ein ursprünglich neutraler Reiz erhält Signalqualität, wenn er wiederholt zusammen mit dem eine Reflexreaktion auslösenden Reiz auftritt. Eine Fortführung dieser These ist die Reiz-Reaktions-Theorie von Guthrie: Lernen wird als Ergebnis des Effekts der ersten Erfahrung angesehen; Übung bewirkt den Fortfall überflüssiger Teilbewegungen auf dem Weg zum Zielreiz. Wenn also Angst als Reizauslöser fungiert, dann wird bei positiver Erfahrung von Angstbewältigung oder auch Abwehr durch eingeübtes Verhalten eine Kopplung stattfinden, die fortan gespeichert ist.

Ein ursprünglich neutraler Reiz erhält Signalqualität, wenn er wiederholt zusammen mit dem eine Reflexreaktion auslösenden Reiz auftritt.

Auf die gleiche Weise tragen Kopplungen von Reiz und Reaktionsmuster zum Erfolg von Model Mugging bei: Die Rückmeldung des erfolgreichen Reflexes stärkt zudem das Selbstbewußtsein und prägt sich ein als gelungener Gesamtablauf.

Also: Ein bevorstehender Angriff erregt unter anderem auch das sympathische Nervensystem und bewirkt über die Angstreaktion eine verstärkte Adrenalinausschüttung. Die furchtauslösenden Reize sind aber genauso in der Lage, Aggression zu verursachen. Durch den Kopplungseffekt setzt sich diese Aggression dann automatisch in gezielte Abwehr um – als fester Ablauf von eingeübten Verteidigungstechniken, Tritten und Schlägen.

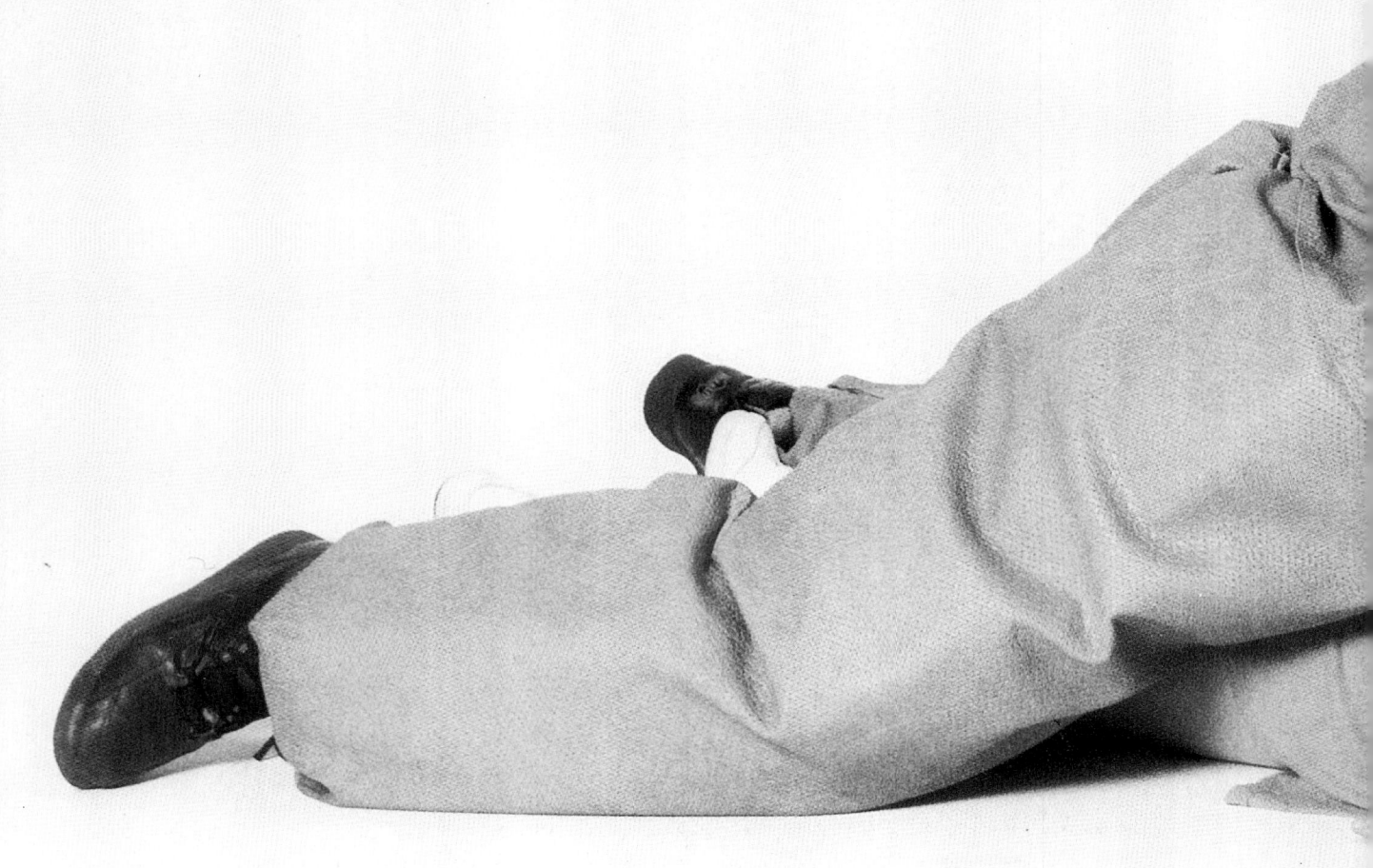

WIE MODEL MUGGING IM KURS GELEHRT WIRD

5

MODEL MUGGING

Nach all der Theorie geht es jetzt endgültig ans praktische Einüben der Verteidigungstechniken. Eigentlich sollte durch den etwas kompliziert klingenden Überbau zumindest eins klargeworden sein: Die Psyche lernt systematisch »richtige« Verhaltensweisen. Die Anwendung erfolgt nach dem vorgegebenen Konditionierungsmuster ohne unser bewußtes Zutun. Aber die Techniken müssen eingeübt werden: die genaue Abfolge, die entsprechende Härte, die individuelle Durchführung je nach Größe, Kraft und Beweglichkeit. Michael Kelm bezeichnet den Vorgang des Lernens als neuromotorische Abspeicherung. Er spricht auch von Kopplung und meint damit die unbewußte Verbindung von Reiz und Reaktion. Wie das abläuft, ist vielleicht nicht wirklich begreifbar, aber es ist erfahrbar. Am eignen Leib werden wir spüren, daß wir ab einem bestimmten Moment nicht mehr anders können, als »richtig« zu reagieren: zuzutreten und zu treffen, und zwar mit aller Härte. Beginnen wir also mit dem Training. Michael Kelm steht friedlich vor mir auf der Matte. Ich soll spontan auf das reagieren, was er macht: »Also, jetzt mach mal«, sagt er und umklammert mich plötzlich mit beiden Armen. Natürlich will ich von ihm loskommen, versuche die alte Durchrutschtaktik, zapple und winde mich, aber ich komme nicht frei. »Los, versuch's mit Stoßen und Treten!« fordert er mich auf. Aber ich fuchtle nur so in der Gegend rum mit Knie und Fußspitze. Treffe sogar sein Schienbein, aber viel ausrichten kann ich damit nicht. Dabei ist der Schienbeintritt im Prinzip richtig. Er kann sehr schmerzhaft sein, vor allem, wenn der Schuh fest ist. Doch die Kraft, die hinter dem Tritt steckt, ist natürlich ausschlaggebend, der richtige Ansatz, die Technik. Michaels Schienbein ist gut geschützt mit einer derben Plastikschiene unter dem gepolsterten Anzug. Wir dürfen uns nach Herzenslust an ihm »austoben«! Er packt mich, ruft: »Los jetzt!« Ich mache einen Schritt zurück und hole aus.

»Halt, falsch!« sagt er. Erstens könnte ich ja mit dem Rücken an einer Wand stehen, zurückzutreten und auszuholen wäre unmöglich. Aber auch ohne Wand im Rücken, solche Vorbereitungen sind wie Absichtserklärungen. »Der Tritt muß spontan erfolgen, aus dem Stand. Er muß mit aller Härte kommen und an der richtigen Stelle treffen«, prägt uns Michael ein. Ein Volltreffer auf den kaum durch Muskelgewebe geschützten Knochen am vorderen Unterschenkel kann so schmerzhaft sein, daß einem schlecht wird. Überraschung und Schockwirkung sind dann unsere Verbündeten.

DER RICHTIGE SCHIENBEINTRITT VON VORN

Das Spielbein wird in der Hüfte leicht auswärts gedreht. Der Fuß angehoben, angewinkelt und stark nach außen gedreht. Dann, aus dem Stand, soll mit voller Wucht etwa gegen die Mitte des gegnerischen Schienbeins getreten werden. Berührungsfläche ist die Innenseite des Spanns, aber eigentlich sollte die Absicht dahinterstehen, mit Ferse oder Absatz zu treffen.

> **Die Psyche lernt systematisch richtige Verhaltensweisen. Die Anwendung erfolgt nach dem vorgegebenen Konditionierungsmuster ohne unser bewußtes Zutun.**

»Weiter reingehen, durchtreten, nicht sofort zurückziehen! Das Schienbein richtig eintreten wollen. Durchgehen, die Treffstelle nicht außen kalkulieren, auf der Knochenhaut, sondern weiter dahinter. Und mit Druck dranbleiben. Dann trefft ihr den Schmerzpunkt. Damit stiftet ihr die Verwirrung, die nötig ist, damit ihr freikommt!« Wir alle üben hart. Ich fühle, wie mich der Ehrgeiz packt. Ich will, daß ich es richtig mache. Ich will, daß er den Tritt richtig spürt. Aber ich hole wieder aus. Beim nächstenmal rutsche ich ab, weil ich zu sehr mit der Spitze getreten habe. Dann wieder bringe ich mich vor lauter Anstrengung selbst aus dem Gleichgewicht. Allen anderen geht es ähnlich. Nur Ingrid, die Kleinste von uns, geht zackig hin, knallt kurz und bündig den gestiefelten Fuß gegen Michaels Schienbein und stößt sich dabei gleichzeitig von ihm ab. Sie macht es richtig. Sie hat keine Berührungsangst und irgendwie den richtigen Kick gefunden. »Ihr lernt es auch noch«, tröstet uns Michael Kelm. Das kommt automatisch, meint er. Wir sollen uns nicht verkrampfen, am besten, wir üben den nächsten Tritt.

DER SCHIENBEINTRITT NACH RÜCKWÄRTS

Im Prinzip ist er wie der Tritt von vorn auszuführen. Der Fuß wird angehoben, angewinkelt, nach außen gedreht, aus dem Stand nach hinten geschlagen. Allerdings braucht es zumindest einen flüchtigen Orientierungsblick, wenn mich Michael von hinten umklammert: Wo steht sein Bein? Wieder bietet es sich an, nach vorn auszuholen, mit Schwung zu treffen. Um nach hinten mit genügender Wucht zuzuschlagen, ist Ausholen unvermeidbar. Der hinter uns stehende Angreifer wird es nicht bemerken, und es verstärkt den Tritt erheblich, wenn er mit Schwung nachgesetzt wird. Wir üben ihn abwechselnd mit beiden Beinen, er gelingt bei allen schon wesentlich besser als der Tritt nach vorn. Dennoch kommandiert der Trainer: »Bessere Führung aus der Hüfte nach hinten! Die Fußspitze anziehen, richtig anwinkeln, das vergrößert die Trefferfläche. Ja, aber das Gelenk stabilisieren und hart zuschlagen! Wir üben hier nicht irgendwie Treffen! Nein, es geht um den optimalen Tritt, um den größtmöglichen Schmerz. Noch mal!« Noch mehrere Male treten wir wie wütende kleine Kinder nach hinten. Aber immer erst, wenn uns der Trainer angetippt hat: »Jetzt!«

DER KNIESTOSS

Anschließend sollen wir schon einen kleinen Kampfablauf proben. Erst der Schienbeintritt nach rückwärts, dann umdrehen, der Schienbeintritt nach vorn, hinterhergehen und mit dem Knie zwischen die Beine. Auweh, auweh! Da ist die erste Tabustelle. »Nicht nachdenken, einfach machen!« sagt Michael. »Aber schön langsam, nacheinander. Mit aller Härte, mit dem festen Willen, voll zu treffen. Und erst, wenn ich es sage.«

Unsere ersten kleinen Abläufe sind nicht sehr erfolgreich. Hinten nicht

MODEL MUGGING

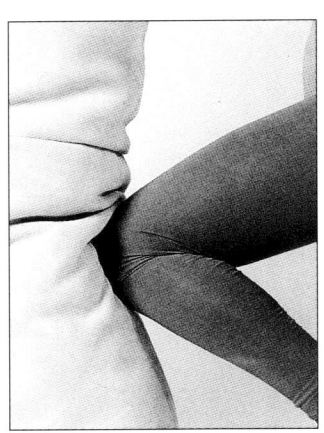

richtig durchgetreten, zu schnell rumgedreht, auf dem falschen Bein angekommen, den Angreifer mehr weggeschubst als getroffen. Aber dann doch hinterhergestürmt, das Knie hochgerissen. Treffer! Michael krümmt sich. Zwar nur showhalber, schließlich hat er den gut gepolsterten Anzug an und schützt natürlich vor allem seine empfindlichsten Teile. »Aber, wenn ihr so einem Ungeschützten das Knie in die Genitalien donnert, dann jault der. Und linkes Knie, rechtes Knie! Ja, richtig durchwollen, eingehen in den Körper. Den Punkt, der getroffen werden soll, weiter hinten oben ansetzen – zehn, zwanzig Zentimeter im Körper drin! Nicht mal gerade zwischen den Beinen antippen, nein, das Knie durchziehen. Und hart, wirklich hart!« Also weiterüben. »Explosiv schlagen, durchgehen, länger Kontakt halten!« Wir sind alle verblüfft, wie problemlos wir uns zu dieser Abfolge animieren lassen. Nachdem unsere Absicht feststand, die Sache schlagkräftig durchzuziehen, schrecken wir vor nichts mehr zurück. Wir sind einfach nicht zu bremsen, als hätte sich eine Automatik in Gang gesetzt. »Nur richtig getroffen habt ihr noch nicht. Wir üben jetzt den Kniestoß einzeln.« Michael läßt vorführen, wie er es meint. Seine Partnerin tritt vor ihn hin, steht ruhig da und läßt auf sein Kommando hin ihr Knie nach oben schnellen, so daß Michael richtiggehend weggeschleudert wird. Sie geht hinter ihm her, läßt den nächsten Kniestoß folgen, bis Michael abwehrt. »Sie kann gar nicht mehr anders. In ihr ist für alle Zeit gespeichert, daß sie nur noch hart und nie mehr lasch zuschlägt.« Er läßt uns üben. Hält seine Hand etwa in Schritthöhe vor sich. Sie soll mit dem Knie weggeschlagen werden. Aus dem Stand muß das Knie direkt nach oben gerissen werden. Treffen und dranbleiben. Vollkontakt nennt er das. »Im Gegensatz zu Kampfsportarten wie Karate, wo beim Trainieren die Schläge nur angedeutet werden – das heißt, sie werden mit voller Kraft geführt, aber kurz vor dem direkten Körperkontakt abrupt abgebremst –, wird beim Model Mugging gerade das Treffen am oder im Körper geprobt. Nur so wird die präzis richtige Trefferqualität gespeichert.« Wir üben den Kniestoß an dem Dummy, der an den Pfeiler gebunden ist. Es ist eine überlebensgroße gepolsterte Puppe. An ihr werden wir noch öfter erfahren, daß es nicht auf die Größe ankommt, nicht auf die Höhe des Kopfs oder der Ohren. Wenn wir die feste Absicht haben, eine bestimmte Stelle zu treffen, dann erreichen wir sie. Der Kniestoß zwischen die Beine der Puppe ist auch für die Kleinste von uns mit aller Wucht durchführbar, stellen wir fest. Und ebenso der Schlag auf die Ohren.

DER SCHLAG AUF DIE OHREN

Er wird mit fast gestreckten Armen und beiden flachen Händen ausgeführt. Etwa, als wollte man übertrieben Beifall klatschen. Die Arme werden im letzten Moment hochgehoben – locker und schnell natürlich – und dann auf die Ohren geschlagen, die am Kopf der Puppe als zwei Löcher angedeutet sind. Ebenso an dem unförmigen Schutzhelm, den Michael jetzt aufsetzt. Wir sollen versuchen, die Ohrlöcher nicht direkt zu treffen, den komprimierten

PRAXIS IM KURS

Luftdruck hält er nicht aus. Aber fest sollen wir schlagen, mit richtigem Druck, als wollten wir durchgehen, hinein in den Kopf. Ganz gleich, wie groß einer ist, die richtige Stelle ist immer zu erreichen; entweder durch einen kleinen Hochsprung, durch Druck im letzten Moment oder durch einen ungeheuren Schwung. Das Klatschen der Schläge hört sich gefährlich an. Auch hier will der Trainer vorbereitet sein auf den Angriff. Er ermahnt uns, nur auf seine Anweisung hin zu schlagen. Und: »Vollkontakt!« Nicht nur andeuten, sondern »voll druff«. Das kostet ganz schön Kraft. Aber wer zu lasch zuschlägt, dem rutschen die Hände weg – nach oben oder nach hinten. »Das kann schon mal passieren, aber dann nicht frustriert dastehen und denken: Ich schaff's nicht! Weitermachen! der nächste Schlag muß eben härter sein und sitzen.« Die Leistungskurve muß gehalten werden, ansteigen. Und für alle Schläge gilt: Der Druck muß hart aufgebaut werden. Es wird so sein, daß nicht nur der Reaktionsablauf, sondern auch die Härte der Schläge allmählich im Unterbewußtsein gespeichert ist. Deshalb fordert uns der Trainer nach besonders gelungenen Schlägen auf, hinterher noch einmal zu überlegen und nachzuempfinden, wie sie sich angefühlt haben. »Na, wie war der? Merk dir den. Jetzt kommt der immer so, verstanden!« Nein, verstanden habe ich die Sache nicht. Aber das macht nichts. Das kommt von allein. »Nicht so viel nachdenken!« empfiehlt uns Michael. »Mehr mit gefühlsmäßiger Vorstellungskraft arbeiten.«

Die Leistungskurve muß gehalten werden, ansteigen. Und für alle Schläge gilt: Der Druck muß hart aufgebaut werden, so daß sich schließlich das optimal Erreichbare im Unterbewußtsein speichert.

Also gut, Phantasie entwickeln! Da geht einer auf mich los. Ich muß Wut kriegen. Damit löse ich die Reaktionskette aus: Motivation zur Gegenwehr, Abspulen der einer Situation gemäßen richtigen Abfolge, Härte, Durchschlagskraft. Der Wille zum Erfolg – so etwas wie der Überlebenstrieb – muß angestachelt werden. Und allmählich wird sich dann das sichere Gefühl einstellen: Mensch, ich schaff' das ja! Ich zittere da nicht rum, laß mich nicht durcheinanderbringen – nein, ich mache relativ kühl und mehr oder weniger gekonnt die Verteidigungstechniken durch: Schienbeintritt, Kniestoß zwischen die Beine, gleich noch einer hinterher, dann zwei harte Schläge auf die Ohren. Und noch einer!

Schön und gut! Aber was ist, wenn das nichts nutzt? Wenn mir die Schockwirkung, die das Weglaufen ermöglichen würde, der befreiende Überraschungscoup nicht gelingt? Wenn der Typ nur gereizt ist und sich auf mich wirft, mich mit seinem größeren Gewicht zu Boden zwingt? »Normalerweise passiert nach diesen ersten Maßnahmen von seiten eines Angreifers nicht mehr viel, da könnt ihr sicher sein«, meint

MODEL MUGGING

Michael Kelm. »Es kann aber passieren, daß sich jemand auf euch wirft, noch bevor ihr euch wehren könnt. Oder, daß einer auf Droge ist – Koks beispielsweise. Diese Junkies sind oft völlig abgestumpft, da ist dann die Schmerzgrenze sehr hoch.« Und was dann? Ja, da hilft nur eins: In die Augen gehen!

ULTIMATIV: DER GRIFF IN DIE AUGEN

Das nächste Tabu! Die Augen sind uns allen fast heilig, vielleicht gerade, weil sie ebenso unersetzlich wie verletzlich sind.

»Genau das ist der Ansatzpunkt«, sagt Michael, »denn da hat jeder, sogar der weggetretenste Druggie seine Schwachstelle. Also, in bestimmten Situationen tief Luft holen und ohne Zögern gleich in die Augen! Aber bloß nicht zimperlich. Nein, richtig hart reingehen. Wie ein Prankenschlag. Der Schock muß fürchterlich sein, denn nur dadurch wird der Angreifer so abgelenkt, daß er euch losläßt. Er wird fast reflexartig versuchen, seine Augen vor weiteren Verletzungen zu schützen. Oder er wird vor Angst und Schmerz so verwirrt sein, daß er gar nichts mehr kapiert und von seinem Vorhaben abläßt.«

Bloß nicht zimerplich sein! Richtig hart reingehen! Der Schock muß fürchterlich sein, denn nur dadurch wird der Angreifer so abgelenkt, daß er sein Opfer losläßt.

Zunächst taucht die Frage auf: Wie komme ich an die Augen. Jemand, der vorhat, eine Frau zu vergewaltigen, wird die sich Sträubende sicher umklammern und festhalten. Höchstwahrscheinlich wird es schwerfallen, die Arme freizubekommen und die Augen zu erreichen.

»Nein«, sagt Michael Kelm, »denkt mal logisch. Solange er eure Arme festhält oder sich auf euch draufgeschmissen hat, kann er doch sein Vorhaben gar nicht ausführen. Er will an eine bestimmte Stelle bei euch ran, dazu braucht er seine Hände. Solange die euch umklammern, kann er nichts machen.« Stimmt! Und wenn er losläßt, gibt es eine Chance – ob im Liegen oder Stehen –, ihm in die Augen zu gehen. Aber wie?

Zunächst zeigt uns der Trainer, daß es nicht schwer ist, die Augen zu treffen. Wir schlagen einfach zum Abtasten der richtigen Stelle ins angedeutete Gesicht des Dummy. Die Augen trifft man tatsächlich immer. Wir üben weiter an Michael, der sich den Schutzhelm aufgesetzt hat. Kein Problem, auch mit schnellem Zugriff die Augen zu finden. Gegenseitig probieren wir vorsichtig tastend, ob wir die Augen auch treffen, wenn jemand sehr viel größer oder kleiner ist. Egal, ob mit der rechten oder linken Hand, ob nahe dran oder im Daraufzugehen: Die Ausrede oder die Angst, daß die Augen nicht gut zu erreichen sind, wird uns ein für allemal genommen.

Die Klippe ist dennoch da. Die entsetzliche Vorstellung, »da rein« zu drücken und jemandem damit das Augenlicht zu nehmen, zumindest ihm schwere Verletzungen zuzufügen, müssen wir alle erst überwinden. Visionen von schrecklichen Fotos oder Filmszenen, wo jemandem die Augen halb raushingen, von dem merkwürdigen Gefühl, auf die glatte Rundung des Augapfels zu drücken, verursachten mir Übelkeit. Doch wir können uns nicht darauf verlassen, daß mit ziemlicher Sicherheit in einer Situation auf Leben und Tod all diese Hemmungen über Bord geworfen würden, wie Michael behauptet. Was hilft es, wenn wir dann den richtigen, harten Griff nicht beherrschen! Übung ist also dringend notwendig, nicht zuletzt auch für das Speichern der Neuromotorik, das Wirkungsprinzip des Model Mugging. Es hilft also nichts. Michael Kelm erklärt die Technik des Augenschlags: »Probiert es zuerst jeweils mit der geschickteren Hand. Wir werden dann abwechselnd auch mit der anderen üben, denn ihr müßt es zur Not mit beiden können. Die Finger sollten leicht gekrümmt und angespannt werden wie Klauen. Dann wird die Hand explosiv aus der Armbeuge nach vorn geschnellt, weg vom Körper. Die Nase anpeilen, treffen wie ein Prankenhieb und die Finger regelrecht hineindrücken in die Augenhöhle. Nicht nur kurz treffen und schnell wieder wegziehen! Es geht um den Druck. Also richtig reingehen in die Augen.« Geübt wird am Helm. Das baut Hemmungen ab, denn das monströse Ding hat kaum etwas Menschenähnliches. Die Augen sind als kleine runde Löcher in der dicken Polsterschicht angedeutet. Wenn Michael den Schutzanzug nicht trägt, sieht er eher lustig aus mit dem überdimensionalen Helmkopf, wie Humpty-Dumpty oder Rumpelstilzchen, nicht wirklich gefährlich, aber auch nicht allzu freundlich. Daher überwinden wir vielleicht eher unsere Hemmungen und trauen uns schnell, richtig grob daraufloszuschlagen. »Der erste Schlag muß sitzen«, stoppt Michael unser trotzdem etwas tapsiges In-die-Augen-Grapschen. »Er muß Schaden anrichten. Der Typ muß geschockt sein, muß schreien vor Schmerzen – nachgeben, loslassen. Ihr bewirkt das nur, wenn ihr den festen Vorsatz habt, ihm Schmerzen zuzufügen. Alles ist erlaubt. Also keine Spielereien. Richtig rein in die Augen. Mit Gewalt. Ein Schlag, und der hart, hart, hart!« Mein Arm stößt ruckartig vor, die Finger wie Krallen. Sie drücken vom Handgelenk aus in die Augenhöhlen des Helms, bleiben drin. Mich graust, aber es muß sein. »Der erste Schlag ist wirklich ausschlaggebend. In bestimmten Situationen kann es nur der Griff in die Augen sein. Ihr müßt ihn beherrschen, nur das gibt euch die Sicherheit. Ob ihr ihn anwendet, werdet ihr selbst abwägen. Aber im Zweifelsfall muß der erste Hieb sitzen. Noch mal. Und richtig Druck machen mit den Fingern!« Kelm nimmt den Helm ab. Wir dürfen – nein, müssen – ihm jetzt die Finger auf die geschlossenen Augen legen. »Spürt, wie sich das anfühlt. Stellt euch vor, wie es machbar ist, daß ihr da reindrückt. Mit Schwung ran. Und dann mit den Fingern rein. Und drücken... Halt! Jetzt nur mal leicht tasten und probieren, ob ihr hinkommt. Und Vorsicht! Nicht automatisch loslegen. Ich brauche meine Augen noch. Überlegen, was ihr tut. Berühren und merken. Die Durchschlagskraft wird weiter am Helm geübt.« Wir tun es. Alle. Wir sind motiviert, auch das mit den Augen durchzuziehen. Dem Trainer gelingt es, unsere Aggression zu wecken. Er spielt ganz ernsthaft den Angreifer, beschimpft uns dumpf unter dem Helm hervor, mimt den Perversling. Das stachelt an. Unsere

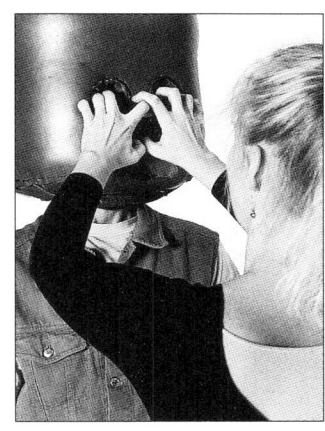

Übung ist dringend notwendig. Nicht zuletzt auch für das Speichern der Neuromotorik – das ist das Wirkungsprinzip des Model Mugging.

MODEL MUGGING

Hände brennen, manch ein Fingernagel ist schon gesplittert, aber der Zweck ist erfüllt: Wir packen zu. Das werden wir am nächsten Tag noch drastischer tun müssen. Für heute sind wir entlassen. Wir haben unsere Sache gut gemacht, behauptet der Trainer, und seine Assistentin, die uns beobachtet, wenn Michaels Sicht vom Helm behindert ist, nickt bestätigend. Wir schauen uns unsicher an. Noch haben wir Zweifel, noch sind nicht alle voll überzeugt. »Ich habe eine Bitte: Erzählt nichts, wenn ihr nach Hause kommt. Macht ruhig ein bißchen Geheimniskrämerei daraus. Ihr braucht jetzt nicht zu erklären, was Model Mugging ist. Vor allem ein Mann, der zweifelt, ob das gut ist, was ihr macht, wird versuchen, euch zu provozieren, etwas zu erzählen und vielleicht sogar was vorzumachen. Tut es heute noch nicht! Einmal wegen der möglichen Entmutigung, wenn er euch beweisen will, daß er immer noch stärker ist. Er entwickelt natürlich den Ehrgeiz, euch das zu zeigen. Das kann dann unangenehme Folgen haben: Er tut euch weh; ihr könnt eure Treffer noch nicht richtig abschätzen, verletzt oder reizt ihn, weil er was abgekriegt hat – und natürlich werdet ihr dann nicht im Ernst weitermachen. Dann kommt hinzu, daß euch vor dem endgültigen Abschluß des Kurses das Wichtigste noch fehlt: Sicherheit und Verstehen. Erst wenn am Schluß der psychische Lernprozeß vollständig abgeschlossen ist, die Kopplungsvorgänge richtig gespeichert sind und ihr die Erfahrung verstanden habt, funktionieren die Selbstverteidigungstechniken.« Na gut, denke ich, wenn ich gefragt werde, sage ich einfach: »Es läuft prima. Ich glaub', ich pack' das.« Und das Gefühl hatte ich tatsächlich schon nach diesem ersten Trainingstag. Allerdings sollte ich am nächsten Tag doch wieder verunsichert werden. Da ging es nämlich gleich los mit einer praktischen Übung in äußerst unangenehmen Situationen.

Erst wenn der psychische Lernprozeß vollständig abgeschlossen ist und die Kopplungsvorgänge richtig gespeichert sind, funktionieren die Selbstverteidigungstechniken.

BODENÜBUNGEN

»Wir setzen eine Situation voraus, bei der sich ein Angreifer auf Sie geworfen hat, ohne zu diskutieren, wie es dazu gekommen ist. Wir gehen davon aus, daß Sie ein Gewalttäter – wo auch immer – zu Boden gerissen hat und ein Notzuchtverbrechen beabsichtigt.« Michael Kelm nimmt diese äußerst dramatische Situation, um uns klarzumachen, daß es ums Ganze geht, nicht um ein bißchen Betatschen, ein mutwilliges Gerangel oder einen zaghaften Überfall, bei dem es einer auf Geld oder Handtasche abgesehen hat. Nein, es handelt sich um versuchte Notzucht, um rücksichtslose Vergewaltigung! Wir wollen den Versuch abwehren – mit aller Kraft und allen Mitteln, die uns zur Verfügung stehen. Über die notwendige Motivation reden wir gar nicht mehr. Die Verteidigungsbereitschaft ist jetzt sozusagen einprogrammiert. Wir lernen nicht mehr das Ob, sondern das Wie. Angenehmerweise üben wir auf der Matte. »Aber es kann auch im Park oder in einer Tiefgarage sein. Was Sie jetzt einüben, ist für alle derartigen Situationen

PRAXIS IM KURS

brauchbar. Das Opfer liegt auf dem Rücken, der Täter darüber. Was ist einziges Ziel einer derart Überwältigten?« »Ihn runterzukriegen«, meinen wir unisono. »Nein«, sagt der Model Mugger, »ihn unschädlich zu machen.«

Wir werden einen Ablauf von Griffen und Bewegungen lernen, der sich als Ganzes einprägen soll. Bis zum »finalen Befreiungsschlag«. Vorher sind wir nicht sicher, daß der Angreifer uns zufrieden läßt. Er muß außer Gefecht gesetzt werden. »Notfalls werdet ihr ihn schwer oder lebensgefährlich verletzen. Aber das hat er sich selbst zuzuschreiben. Ihr müßt keine Skrupel haben, mit aller Härte auszuführen, was wir jetzt einüben.« Michael Kelm und seine Partnerin führen vor, wie das gemeint ist. Er hat sich auf sie geworfen. Sie kriegt ihn von sich runter, indem sie ihn mit dem rechten ausgestreckten Arm auf seiner linken Seite hochhebelt. Mit ihrer linken Hand krallt sie sich rechts in seine Jacke – oder auch in Achselhöhe in seinen Körper – und zieht ihn seitlich runter. Zur Unterstützung hat sie ihr rechtes Bein angezogen und ausgestellt und unter Anheben und Drehen ihrer Hüfte gegen seinen Unterleib den Abwurf blitzschnell bewerkstelligt. Jetzt tut sie aber nicht, was sonst bei Raufereien üblich ist – nämlich sich auf ihn zu stürzen und ihn auf dem Rücken liegend am Boden zu halten –, nein, sie

67

rückt ab von ihm, dreht ihren Oberkörper im Kreisbogen weg von ihm. Sie robbt noch auf dem Rücken und aufgestützt auf ihre Ellbogen in eine günstige Position – etwa im rechten Winkel zu dem etwas benommen auf der Matte Liegenden – und hebt in der Nähe seines so mit ihren Füßen erreichten Kopfes ein Bein hoch. Wenn sie – statt es nur anzudeuten – den Fuß bzw. die Ferse mit dem Schwung des Ausholens wirklich fallengelassen hätte, dann wäre der fürchterliche Schlag seitlich auf Michaels Kopf niedergegangen, der zweite vielleicht mitten in sein Gesicht. Mit Bedacht holt sie noch einmal aus, hat den Oberkörper auf den Ellbogen hochgestützt und kann daher sehen, daß er versucht, wegzurollen. Sie rutscht wieder an ihn ran und könnte auch den nächsten Schlag direkt auf seinen Kopf niedersausen lassen. Der ganze Ablauf dauert nur Sekunden. Wir alle haben den Atem angehalten. Die beiden atmen stoßweise, denn das war ein heftiger Zweikampf mit voller Anspannung und Konzentration. Und der Ausgang

Die Härte dieses Schlags wird für alle Ewigkeit in uns abgespeichert sein. Wir werden die Gewißheit verspüren, daß wir uns damit jederzeit erfolgreich verteidigen können.

war deutlich: Ein von solcher Kraft und Effektivität des ersten Abwerfens schon überraschter Angreifer, dem dann blitzschnell noch ein Fußtritt ins Gesicht oder auf den Kopf Hören und Sehen vergehen läßt, würde versuchen, vor einem zweiten Beinschlag zu flüchten, falls er dazu überhaupt noch in der Lage wäre. Sicher würde er nicht weiter festhalten an seinem Vorhaben der Vergewaltigung, höchstwahrscheinlich auch keine Gegenwehr versuchen. Und wenn: Der nächste Fußschlag würde ihn wohl kampfunfähig machen. Voraussetzung wäre allerdings, daß er mit aller Kraft ausgeführt würde.

»Das lernt ihr jetzt als erstes«, sagt Michael, nachdem wir uns von unserer Verblüffung erholt haben. »Die Technik des Abwerfens trainieren wir danach. Zunächst sollt ihr überzeugt werden, daß der Beinschlag als Befreiung aus dieser extrem ausweglos erscheinenden Situation mit absoluter Konsequenz und ohne Rücksicht auf die Folgen angewendet werden muß. Und daß er extrem hart, entschlossen und unerbittlich sein muß. Die Härte dieses Schlags wird für alle Ewigkeit in euch gespeichert sein. Ihr werdet die Gewißheit verspüren, daß ihr euch damit erfolgreich verteidigen könnt.

Wollen wir hoffen, daß ihr diese äußert gefährliche, letzte Notwehr nie anwenden müßt! Sie kann tödliche Folgen haben.«

DER BEINSCHLAG

Am Ende der Matte wird ein schwerer, lederbezogener Sandsack auf den Boden gelegt, an dem wir jetzt Technik und Härte des Schlags trainieren. Die Übung scheint leicht. Auf dem Rücken liegend muß jeweils ein Bein bis zur Senkrechten hochgehoben und die Zehenspitze angezogen werden, um den Fuß zu stabilisieren, dann läßt man das Bein auf den Sandsack niedersausen. Das knallt gewaltig. Es strengt ziemlich an, und wenn der Fuß nicht wirklich fest im Gelenk versteift ist, kann es auch weh tun. Wir werden angefeuert, all unsere Kraft in die Beinschläge zu legen. Geübt wird abwech-

selnd mit rechts und links. Das Prinzip ist wie beim Kniestoß, nicht an der Oberfläche treffen! Hart und tief Durchgehen, durch den Sandsack. Tonnenschweren Druck erzeugen, nicht einfach das Bein fallenlassen, sondern die Kraft durch Geschwindigkeit und Druck potenzieren.

Nach einer Weile wird mir klar, was ich eigentlich treffen soll mit diesem fürchterlichen Schlag: den Kopf eines Menschen. Mir wird fast schlecht. Ich kann mir jetzt vorstellen, daß es mir damit gelingt, jemanden buchstäblich zu zerschmettern. Noch immer ist Michael Kelm nicht ganz zufrieden mit unserem Beinschlag. Er soll mit aller Wucht aus der Hüfte geführt werden, wie ein Hammer. Das Knie kann ganz leicht angewinkelt sein, der Fuß soll nicht gestreckt sein, sondern geflext, das heißt, die Zehen werden angezogen, wodurch sich Spann und Gelenk stabilisieren. Wir üben so lange, bis uns immer wieder optimal harte Schläge gelingen. »Jetzt speichern, das bedeutet, genau nachspüren, wie diese Härte ist«, heißt es schließlich. Der Beinschlag muß später an den Ablauf von Abwerfen – Körperdrehung – Orientierung angehängt werden. Und er muß ein viel kleineres Objekt als den Sandsack treffen: den Kopf. Michael wird ihn durch den Helm schützen.

MODEL MUGGING

DER ABWURF

Wir haben zwar gesehen, wie es Michaels Assistentin spielend gelungen ist, ihn abzuwerfen, aber beim eigenen Versuch entpuppt sich die Übung als äußerst schwierig. Michael liegt auf mir wie ein nasser Zweizentnersack, obwohl er gar nicht so viel wiegt. Er hat den Ablauf genau erklärt: die eine Hand unter seiner Achsel abstützen, ihn hochstemmen, indem sich der Arm streckt. Gleichzeitig mit der anderen Hand die andere Seite greifen und ihn seitlich nach unten ziehen. Nachhelfen mit dem Hüftschwung. Ich bemühe mich, aber ich kriege ihn nicht runter. Im Gegenteil, ich zieh' ihn an mich heran. Oder ich drücke ihn hoch, aber er will einfach nicht zur Seite kippen. Er versucht, mir beizubringen, was ich falsch mache. Ich hebe ihn nicht aus. Meine Hüftdrehung gelingt nicht, wenn ich nicht den Fuß ganz fest aufstütze, den Absatz in die Matte stemme, den Hintern hochhebe. Gleichzeitig muß ich ihn natürlich an der anderen Seite nach unten ziehen. Dummerweise gibt es so eine eingefahrene Tendenz, die aus vielen anderen Reflexbewegungen stammt: nämlich nicht nur einen, sondern immer beide Arme entweder hochzustemmen oder anzuziehen. Damit tut sich aber gar nichts. »Drück den einen Arm durch, halt ihn gerade, hebel mich aus, ja. Und pack zu mit der anderen Hand. Nicht so, daß du abrutschst. Nein, richtig fest.

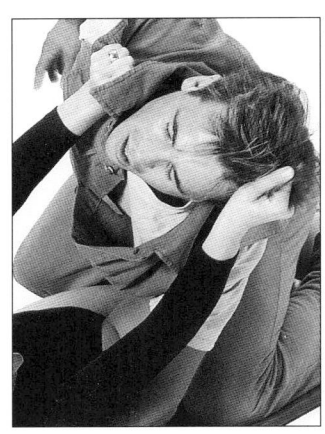

Jede Frau kennt ihre eigenen Stärken. Jede entscheidet selbst, welche Taktik sie anwendet. Es gibt da keine Regeln. Was zählt, ist einzig der Erfolg.

Krall dich rein, wo Platz ist. Schnapp meine Jacke, oder greif rein, bis du die Haut erwischst! So! Und jetzt runter, au!« Michael läßt sich zur Seite fallen. Ich entschuldige mich. Ich habe mich einfach durch den Stoff in sein Fleisch eingekrallt und gerissen. Fast ärgerlich macht er sich über meine Entschuldigung lustig. »Was soll das? Dein Ziel ist: runter mit dem! Endlich hast du's begriffen, daß es egal ist, wie du das hinkriegst. Jedes Mittel ist recht.«

Ich beginne zu verstehen. Es gibt kein Fairplay wie bei einem sportlichen Kampf – das hat Michael ja schon gesagt. Hier geht's um Notwehr. Free style. »Hört mal alle her. Ich zeige euch hier Möglichkeiten. Sicher sind es nicht die schlechtesten. Aber jede kennt ihre eigenen Stärken. Jede entscheidet selbst, welche Taktik sie anwendet, um den Typ runterzukriegen. Es gibt da keine Regeln. Was zählt, ist einzig der Erfolg. Ihr seht«, fährt er fort, »daß das schwerer ist, als ihr dachtet. Wenn es leicht wäre, könntet ihr es von allein. Dann brauchten wir es nicht zu lernen und zu üben. Also, noch mal!« Wieder gelingt es mir nicht, ihn runterzukriegen. Ich bin sauer, mache aus Ärger alles falsch. Michael scheint entschlossen, nicht nachzugeben, wird ebenfalls ärgerlich. »Wenn's so nicht geht, dann muß dir was anderes einfallen. Los, die Haare ...« Ich bin so motiviert, ihn endlich loszuwerden, aber auch noch nicht so voll drin, daß ich erst mal zögere. Dann schnappe ich mir ein paar Haare und ziepe ihn. Es tut ihm zwar weh, aber er lacht. »Komm, mach schon! Runter mit dem Kopf, bis auf die Matte. Dazu mußt du voll reingreifen. Dann geh' ich mit dem Schmerz mit und stemme mich nicht dagegen. So reißt du mir nur ein paar Haare aus.« Das hat er zwar auch nicht gern, unser Trainer, daß er beim Model Mugging allmählich seine Haarpracht einbüßt, aber einem Gewalttäter wäre es im Zweifelsfall wohl egal. Ich greife also richtig zu, und er gibt endlich nach.

Was würde ich mit einem Glatzkopf machen?

»Na, der hat doch Augen und Ohren, oder?« Stimmt. Es muß ja nicht der Ohrenschlag sein, der im Liegen wohl kaum funktioniert. Aber »die Ohren langziehen«, das kann auch höchst schmerzhaft sein und daher erfolgreich. Nasenbeißen ist ebenfalls eine Möglichkeit. Es geht darum, einen Überraschungseffekt zu erzielen, schnell zu sein, die Schockwirkung zu nutzen und den Täter abzuwehren. Logisch, daß wir da wieder beim Thema »Augen« landen. Im Zweifelsfall ist das auch in dieser Situation die einzige Möglichkeit.

SCHWACHSTELLE AUGEN

»Wenn ihr in die Augen geht, dann gilt natürlich auch aus der Nähe: mit voller Kraft zustechen, reindrücken und den Griff lange halten.« Das klingt so gemein, so hinterhältig, aber Michael ist unerbittlich. »Wenn du ihn nicht verletzt, wird er dich fertigmachen. Ohne zu zögern wird er dich bewußtlos schlagen, wenn du ihn nur mit laschem Gezappel ärgerst. Also, in die Augen, dann den Typ schnell abwerfen, so lange er noch blind ist vor Schmerzen. Und weg!«

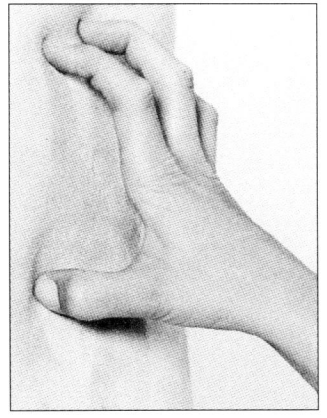

- ◇ Der Griff in die Augen ist deshalb so effektiv, weil zum direkten Schmerz augenblicklich noch die Angstvorstellung hinzukommt, die Augen könnten verletzt sein. Psychologisch gesehen bedeutet der Angriff auf das Augenlicht Streß in höchster Potenz – bei jedem Menschen, auch, wenn er gerade ein Verbrechen begeht.
- ◇ Grundsätzlich sind die Augen die optimale Schwachstelle für eine effektive Verteidigung.
- ◇ Lernziel des Model Mugging ist daher, daß Frauen in Defensivsituationen genug Gewaltbereitschaft entwickeln, um sich zu diesem äußersten Schritt zu entschließen.
- ◇ Der Griff in die Augen muß deshalb nicht erst als letzte Möglichkeit angewandt werden. Er ist als Methode der Wahl von Anfang an in Betracht zu ziehen.
- ◇ Im Lauf des Kurses wird eine Art Bewertungsstruktur erworben, die zur richtigen Situationseinschätzung und zum Einsatz der optimalen Abwehrmethode befähigt.
- ◇ Auf der Basis dieser Erkenntnisse wird sich jede Frau ihres Machtpotentials bewußt. Sie kann intuitiv einschätzen, ob sie gleich zu Anfang mit dem Äußersten – dem Angriff auf die Augen – reagieren muß, oder ob andere Mittel ausreichen.
- ◇ Die Situation, zu Boden gezwungen zu werden oder gar im Liegen (im Bett) überfallen zu werden, ist immer eine extreme Notlage.

MODEL MUGGING

»Natürlich machen einen erst mal die Schmerzen blind«, meint Michael. »Es ist also für den Angreifer nicht sofort zu erkennen, ob das Auge schwer verletzt ist – Bänder gerissen, Augenflüssigkeit ausgelaufen, Hornhaut zerkratzt, was immer Schreckliches mit dem Auge geschehen kann. Deshalb wird jeder versuchen, die Augen vor weiteren Verletzungen zu schützen und festzustellen, was passiert ist.« Meist bedeutet es, daß kein weiterer Angriff erfolgt.

»Davon müßt ihr euch aber erst überzeugen. Und nicht, indem ihr euch über den Angreifer beugt und nachseht! Nein, der Ablauf der gerade angefangenen Verteidigungstechnik muß fortgesetzt werden.« Wie war das? Ich habe Michael heruntergeschmissen. Er lag fast parallel zu mir. Ich wollte nur weg und auf die Beine kommen. Falsch! Richtig ist, so schnell wie möglich Abstand zu gewinnen, noch am Boden in Rückenlage wegzurobben, und zwar so, daß die Füße in Richtung auf seinen Kopf liegen. Schauen, wo der ist. Also hochstützen auf die Ellbogen und den Steiß als Drehpunkt um die halbe Achse einsetzen. »Zeit lassen!« ruft der Trainer. »Rutsch in eine Position, von der aus du rechtwinklig auf den Kopf triffst, wenn du den Beinschlag machst! Ranrutschen, hochheben und halt!«

DER BEFREIUNGSSCHLAG

Dieses »Halt« hat der Trainer mit besonderem Nachdruck gerufen. Er wußte, wie weit er meine Bereitschaft zur Gewaltanwendung angestachelt hatte. Er merkte, daß ich nicht mehr zaghaft, sondern immer nur noch hart zuschlagen würde. Und er lag mit ungeschütztem Kopf da. Er wußte, die

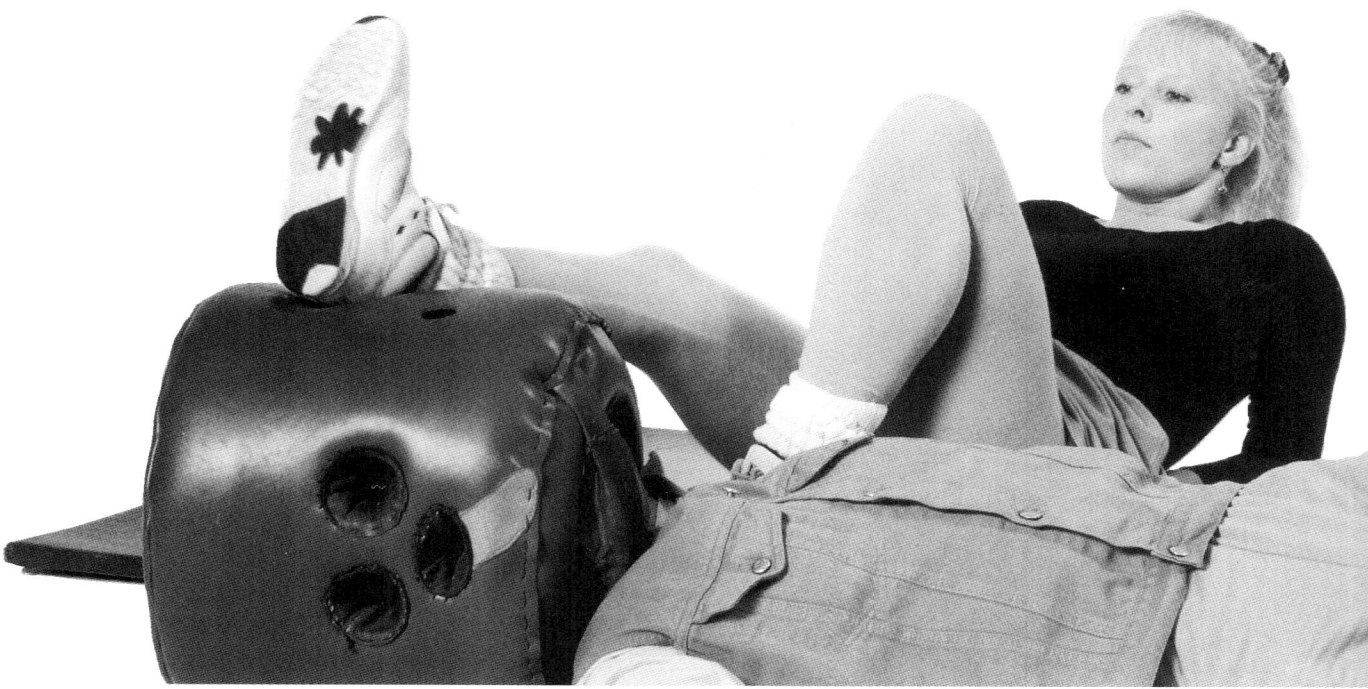

Automatik der eingeübten Bewegungen könnte zur Folge haben, daß ich den Fuß jetzt niedersausen lassen würde – direkt in sein Gesicht –, und mit genau der Wucht, die vorher am Sandsack so viele Male provoziert und schließlich gespeichert wurde. Schnell rollte er zur Seite. Aber mich hatte sein Ruf erreicht. Der Ruck des Abbrechens ist wie ein Erwachen aus einem fast rauschhaften Zustand.

KONSEQUENZEN

Also werden verteidigungsbereite Frauen doch zu unerbittlichen Kampfmaschinen erzogen? Diese Frage wird von Männern und auch von ängstlichen Frauen immer wieder gestellt. Doch die Befürchtung, die Reizschwelle zur Aggression wäre durch Model Mugging so weit herabgesetzt, daß schon eine falsche Bewegung den mörderischen Griff in die Augen oder auch nur den schmerzhaften Schienbeintritt auslösen könnte, ist unbegründet. Hysterische Überreaktionen auf minimale Anlässe sind nämlich Anzeichen von Schwäche und Unsicherheit. Diese Klippe aber ist längst umschifft.

- ◇ Nicht nur körperlich fühlen wir Model-Mugging-Absolventinnen uns stark und verteidigungsfähig.
- ◇ Auch unsere Selbstsicherheit ist gestärkt. Wir haben Vertrauen gewonnen in unserer Fähigkeit zur Selbstverteidigung. Wir wissen: Da ein angreifender Mann Frauen gegenüber grundsätzlich ein Gefühl der Überlegenheit besitzt (die Frau ist schwach und wehrt sich nicht), wird er nicht von vornherein einen K.o.-Schlag planen.
- ◇ Wir aber wissen, um die Stärkere zu sein, müssen wir von Anfang an stärker schlagen, damit wir uns erfolgreich verteidigen können.

Michael Kelms letzte Frage an alle Teilnehmerinnen ist die Frage, die sich jede Frau blitzartig stellen sollte, wenn eine Situation bedrohlich wird: Will ich die Situation zu meinen Gunsten entscheiden?

Und die Antwort kann nur heißen: Mein Entschluß ist »ja« – hundertprozentig ja! Und alle sagen ja!

Damit steht fest: Wir haben unsere Hilflosigkeit überwunden. Wir kennen unsere Chancen in diesem Kampf – und wir werden sie nutzen.

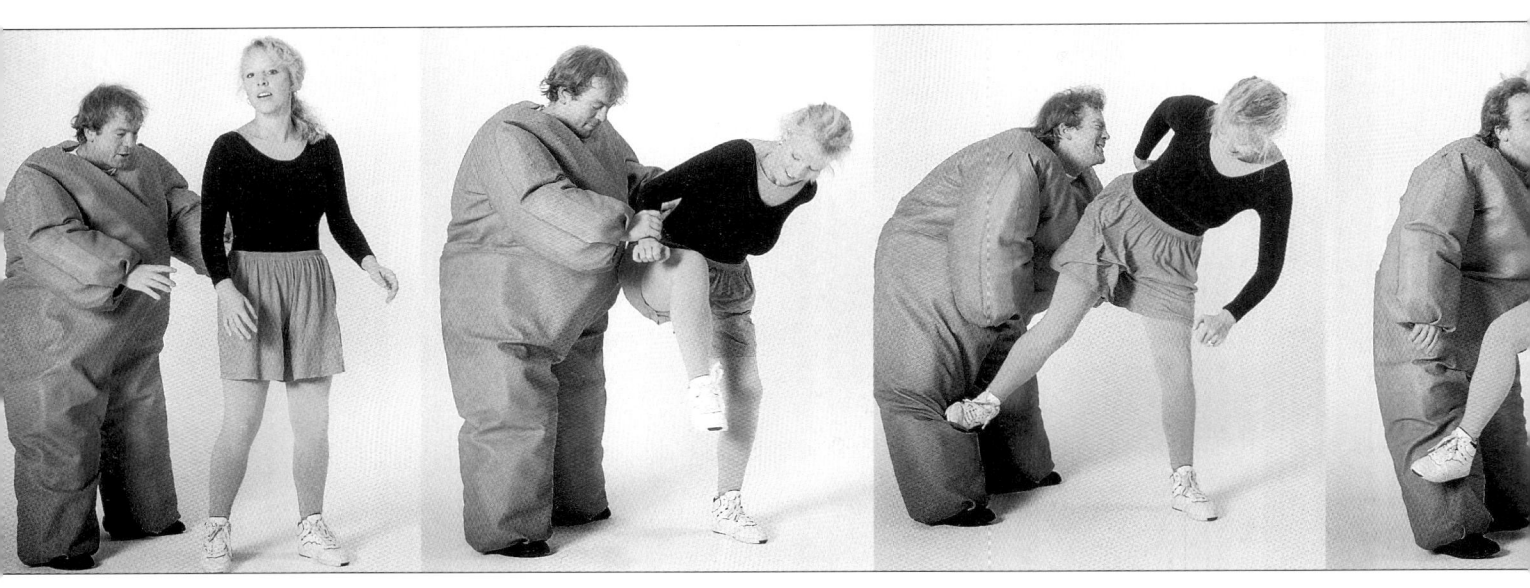

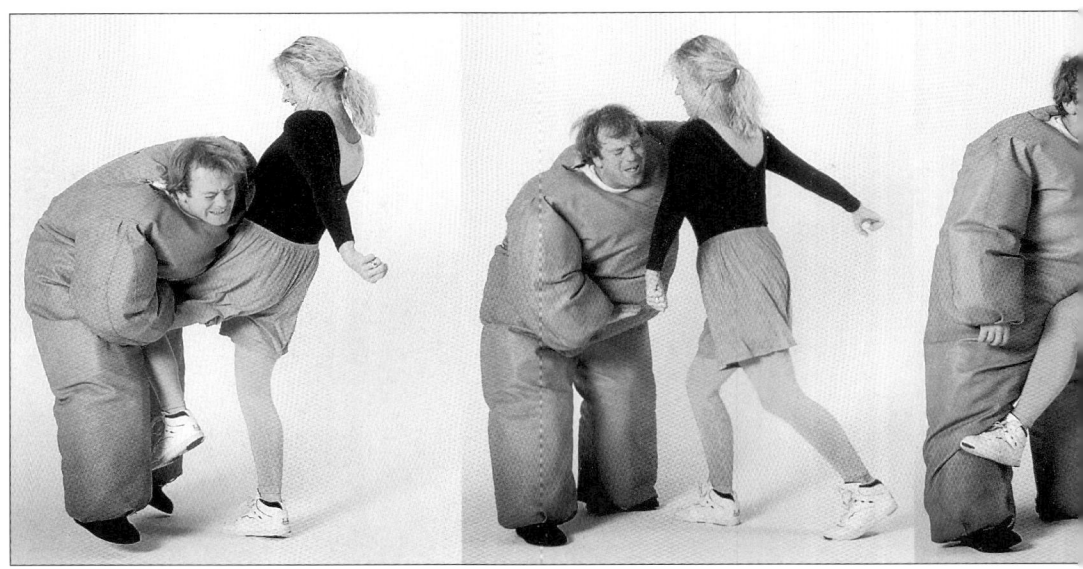

ABLAUF DES MODEL-MUGGING-KURSES MIT DEM TRAINER

6

MODEL MUGGING

ABWEHR EINES ANGRIFFS IM STEHEN

Hier läßt Model Mugger Michael Kelm – wohlverpackt in seinen Schutzanzug mit dick gepolstertem Helm – einen Gesamtablauf der verschiedenen Verteidigungsschritte an sich vorführen. Die Abfolge richtet sich nach der Situation. Die genauen Einzelheiten der jeweiligen Abwehrtechniken werden auf den folgenden Seiten erklärt.

Versucht der Belästiger sein Opfer von hinten festzuhalten, wird als erstes der Schienbeintritt nach rückwärts angewandt. Bei einem Angriff von vorn sorgt der Tritt gegen das Schienbein ebenfalls für Irritation.

Läßt der Angreifer nicht von seinem Vorsatz ab, wird ein rabiaterer Tritt notwen-

EINÜBEN MIT DEM TRAINER

dig: der schmerzhafte Kniestoß zwischen die Beine. Mitten hinein in das Krümmen folgt jetzt der Ohrenschlag...

...dann der befreiende Schlag gegen die Augen.

Schienbeintritt nach rückwärts
Möglichst vor einer Umklammerung ausholen und mit voller Wucht gegen das Schienbein des Angreifers treten.

Schienbeintritt nach vorn
Danach sofort umdrehen und gezielt mit der Fußinnenfläche gegen die Mitte des Schienbeins treten.

Kniestoß
Sofort den wuchtigen Kniestoß zwischen die Beine folgen lassen.

WICHTIG: Wenn der Täter ganz offensichtlich Mordabsichten zeigt – eine Waffe, ein Messer, auch eine infizierte Spritze sind unmißverständlich –, ist der mit aller Härte und Entschlossenheit eingesetzte Hieb in die Augen von vornherein das Mittel der Wahl.

Ohrenschlag
Bevor sich der Angreifer vom Schock erholt hat, kommt der Schlag auf die Ohren.

Schlag gegen die Augen
Der ultimative Griff in die Augen zur endgültigen Abwehr eines Gewalttäters zeigt immer Wirkung.

ANLEITUNG FÜR DEN RICHTIGEN SCHIENBEIN-TRITT

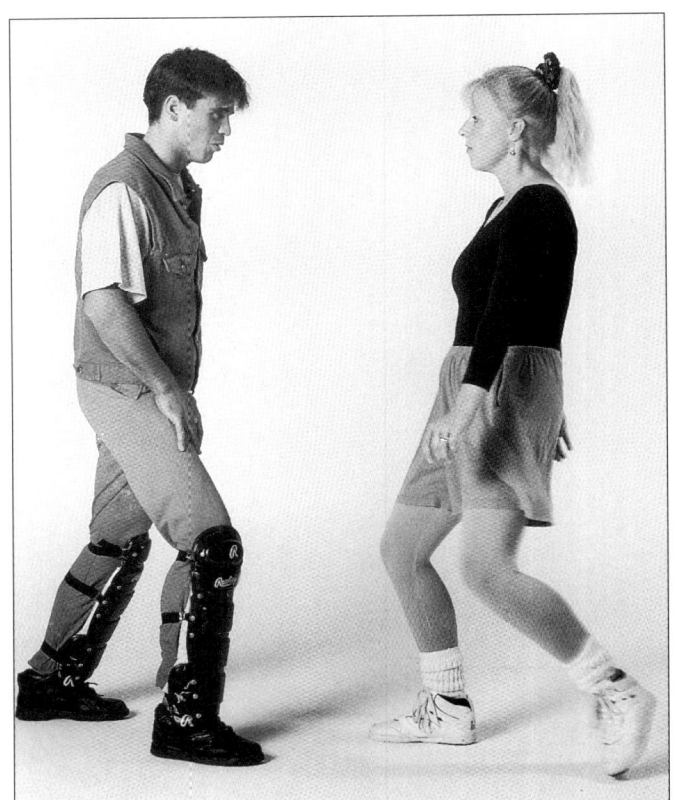

Vorwärts: Aus dem Stand das Bein heben und mit gezieltem Schub aus der Hüfte heraus gegen das Schienbein treten. Das Knie bleibt angewinkelt, der Fuß wird geflext – das heißt, die Zehen sind nach oben gezogen. Das Fußgelenk soll stabilisiert sein, und die feste Fläche der Spanninnenseite muß voll auf die Schienbeinmitte treffen – sozusagen mit »durchschlagender Wirkung«.

WICHTIG: Der Tritt muß mit voller Kraft kommen, ohne nach hinten auszuholen!

Nach rückwärts: Wieder muß auf die Vorderseite des Schienbeins gezielt werden, und zwar von der Außenkante des Fußes her mit der größtmöglichen Fläche des geflexten Fußes. Der Orientierungsblick und das gleichzeitige Ausholen nach vorn sind hier unvermeidlich.

WICHTIG: Stabilisieren des Fußes und Reintreten mit Druck! Ziel ist, den Täter von seinem Vorhaben abzubringen!

EINÜBEN MIT DEM TRAINER

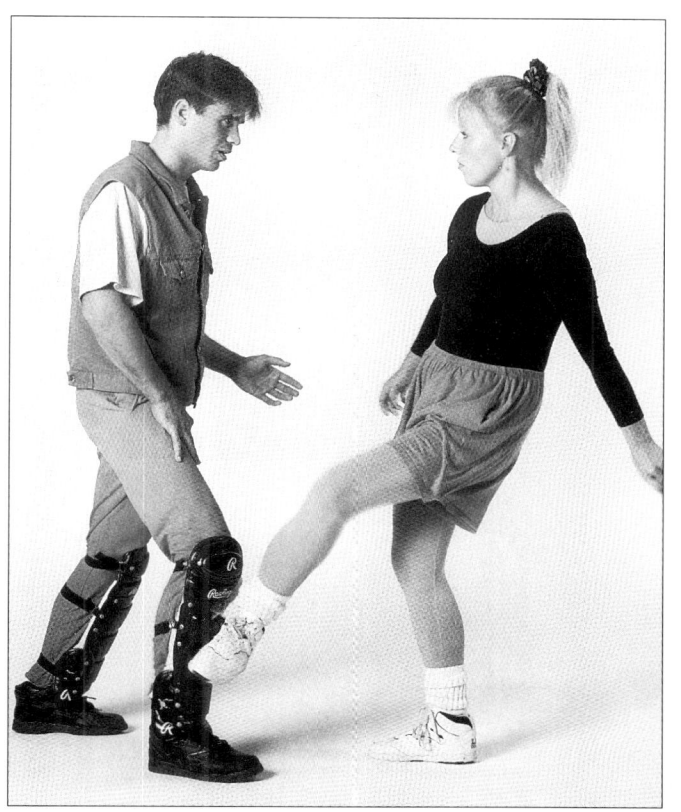

DER KNIESTOSS

Für den Kniestoß zwischen die Beine ist es notwendig, unvermittelt und dicht an den Angreifer heranzugehen. Beim Üben sind die Arme zunächst auf den Schultern des Trainers, im Ernstfall kann der Angreifer zunächst gepackt und dann zurückgestoßen werden. Der Kniestoß muß mit voller Wucht von unten her kommen und direkt zwischen die Beine gehen.

»Reingehen« ist die Devise. Dazu wird das Knie abrupt hochgerissen – der Stoß erfolgt nicht so sehr nach vorn, sondern mit voller Kraft nach oben. Nicht außen treffen wollen, sondern den Druckpunkt im Körperinneren ansetzen. Darauf abzielen, daß der Stoß größtmöglichen Schmerz hervorruft.

WICHTIG: So lange üben, bis der Kniestoß mit extremer Wucht erfolgt. Genau die Härte wird sich dann im Notfall intuitiv einstellen.

EINÜBEN MIT DEM TRAINER

DER SCHLAG AUF DIE OHREN

Der Ohrenschlag muß immer mit voller Kraft erfolgen. Entweder wird mit einer Hand als gewaltige Ohrfeige – geübt wird abwechselnd links und rechts und mehrmals hintereinander –, oder es wird mit beiden Händen zugleich geschlagen. Dazu die Arme

ansatzlos hochreißen, die Hände locker lassen, jedoch die Handgelenke nicht abknicken, sondern fixieren.

ACHTUNG: Der beidhändige Ohrenschlag kann rasenden Schmerz und das Platzen des Trommelfells verursachen. Der Angreifer wird auf jeden Fall für kurze Zeit außer Gefecht sein. Das ist die Gelegenheit zur Flucht!

MODEL MUGGING

DER GRIFF IN DIE AUGEN

Allgemeines: Im Training geht es zunächst darum, sich auf das absolut sichere Finden und Treffen der Schwachstelle Augen zu konzentrieren.

Am ungeschützten Kopf eines Trainingspartners ist dieser Griff immer nur andeutungsweise zu üben.

Das Finden der Augen in verschiedenen Situationen – im Stehen, im Liegen, bei schwachem Licht – oder an unterschiedlich großen Gegnern kann vorsichtig ausprobiert werden. Es wird sich erweisen, daß es immer zu schaffen ist. Dadurch baut sich schnell das notwendige Vertrauen in diese Verteidigungstechnik auf.

Am Helm werden dann die genaue Technik und der notwendige Druck eingeübt. Auch hier gelingt es eigentlich immer auf Anhieb, beim Nachvornschnellen des Arms die Augenlöcher zu finden.

Etwas schwieriger erlernbar ist – wohl wegen der psychologischen Hemmschwellen –, was die Finger dann direkt am Auge ausrichten sollen. Das ist zweierlei: Zunächst soll schon durch den ersten Berührungskontakt mit den kräftig ins Auge »piekenden« Fingerspitzen unvermutet heftiger Schmerz hervorgerufen werden. Ein Schock bahnt sich an.

Danach geht es um einen verstärkten, nicht nachlassenden Druck, den die ins Auge hineingekrallten Finger erzeugen. Die Botschaft dabei ist: Ich drück' dir die Augen rein!

Was daraufhin selbst beim rohesten Gewalttäter rüberkommt, ist erstens rasender Schmerz, zweitens die Urangst um die Augen, das Augenlicht, den Verlust der Augen. Also wieder Schock.

Spätestens in diesem Augenblick wird jeder Angreifer von seinem Verbrechensvorsatz ablassen und sich vergewissern, was mit ihm selbst und seinen Augen passiert ist. Damit ist der Kampf entschieden. Das Beherrschen und die feste Überzeugung, im Notfall bereit zu sein, den Angriff gegen die Augen vorzunehmen, sind die wichtigsten Ziele des gesamten Model-Mugging-Trainings.

WICHTIG: Nicht zimperlich sein! Genau wie der Kniestoß und der Ohrenschlag muß auch der Anschlag gegen die Augen mit voller Härte erfolgen. Druck und Technik müssen so lange eingeübt und probiert werden, bis sich das Gefühl der optimalen Fingerfertigkeit einstellt. Dieses Ergebnis prägt sich dann im Unterbewußtsein ein für allemal ein.

EINÜBEN MIT DEM TRAINER

Einzelne Übungsschritte am Auge

Es kann mit einer Hand, aber auch mit beiden Händen in die Augen gegriffen werden. Die Wucht des Angriffs entsteht durch ein konzentriertes, ruckartiges Vorschnellen des Arms. Der Druck kommt aus der Schulter und dem fest angespannten Handgelenk. Die Finger sind jeweils leicht gespreizt und werden nach der Berührung weiter gekrümmt und richtiggehend ins Auge gekrallt, als wollten sie die Augen in den Kopf hineindrücken.

Wird im Stehen aus einiger Entfernung in die Augen geschlagen, ist schon der Berührungsdruck ungeheuer schmerzhaft.

Aus nächster Nähe ist das kräftige Reingreifen mit den Fingern entscheidend. Das heißt: zuschlagen, reinkrallen und den Griff halten!

WICHTIG: Die Entschlossenheit, diesen ultimativen Abwehrgriff auch anzuwenden. Die Sicherheit, die Technik so zu beherrschen, daß sie wirkungsvoll eingesetzt werden kann.

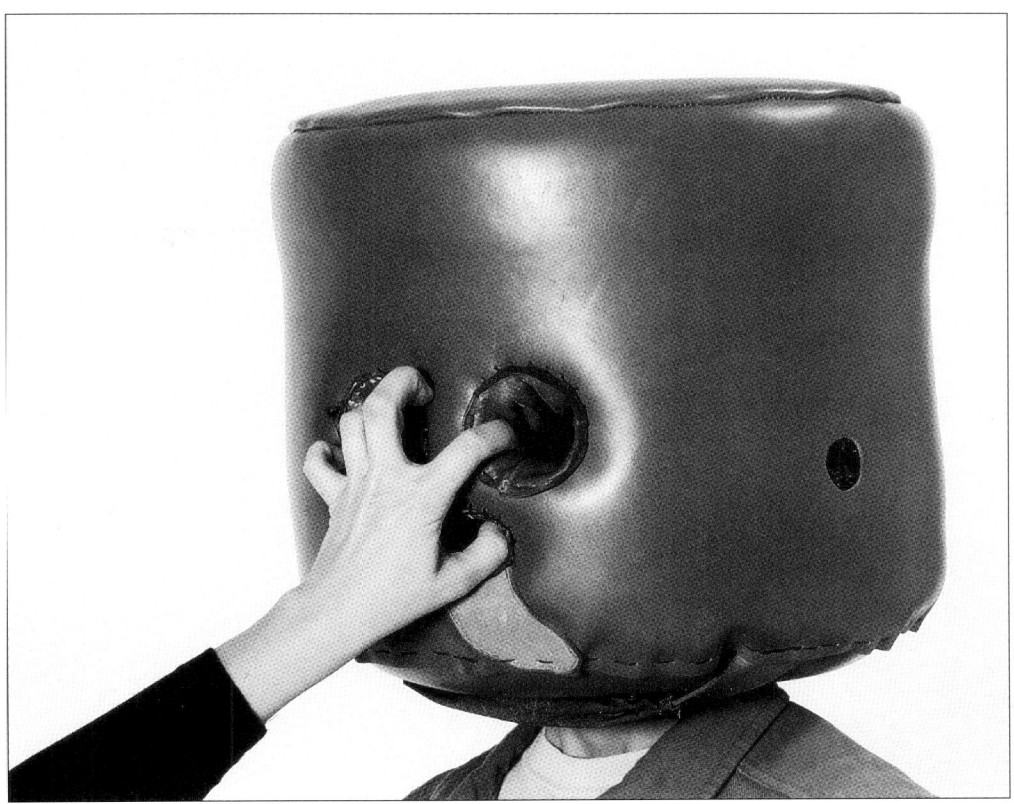

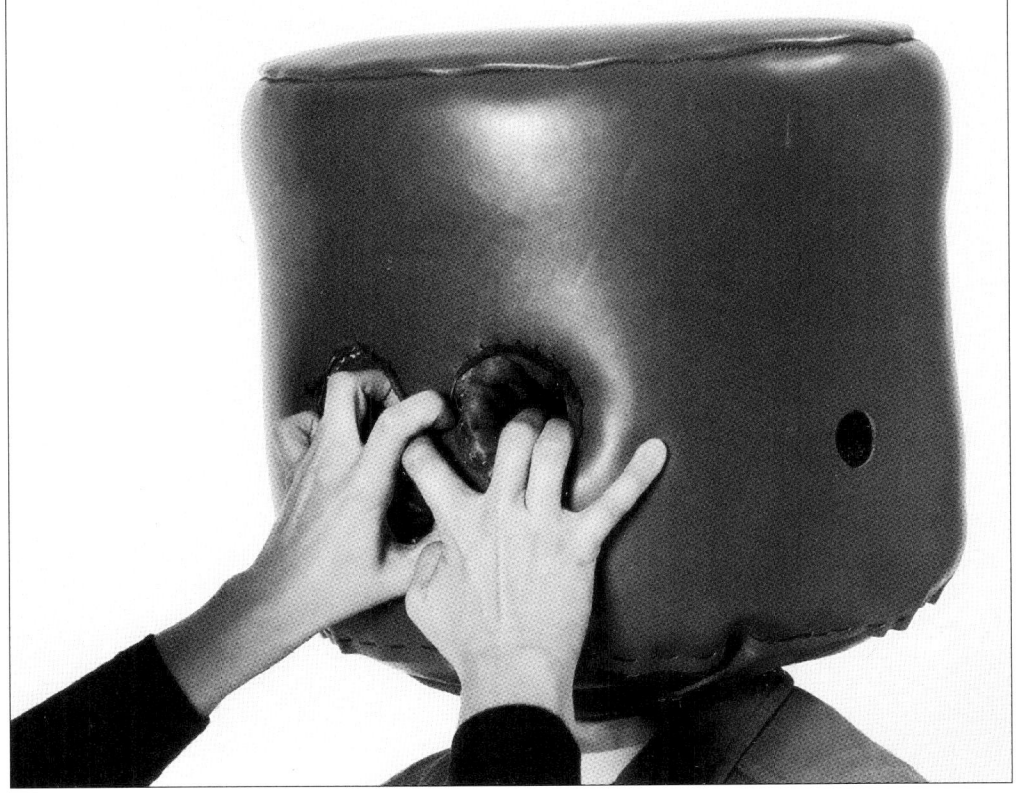

ABWEHR AM BODEN

Ob ein Gewalttäter sein Opfer zu Boden gerissen hat, oder ob es darum geht, sich beispielsweise im Bett gegen einen Vergewaltiger zu wehren, das jeweilige Ziel ist, den Täter von sich runterzukriegen. Hier werden die verschiedenen Phasen des Abwurfs mit dem Trainer demonstriert, wobei es auf Schnelligkeit und gezielt angewandte Abwehrtechniken ankommt:

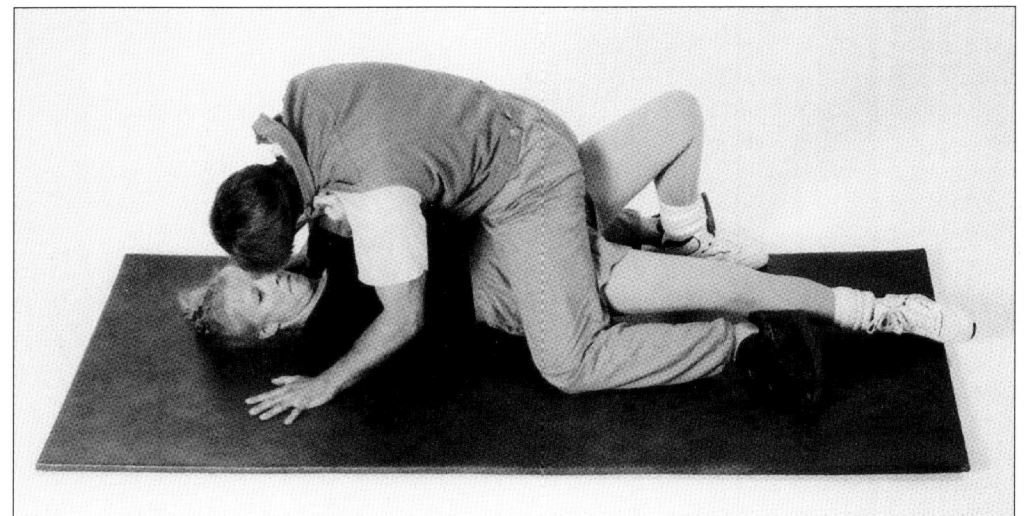

Das Aushebeln mit dem gestreckten linken Arm und das gleichzeitige seitliche Herunterziehen zur rechten Seite wird unterstützt durch das Aufstellen des linken Beins und durch Anheben und Drehen der Hüfte.

Aus der Parallellage zum Täter erfolgt das Abrücken zum rechten Winkel mit dem Po als Drehpunkt und dem Ziel, durch einen Hieb mit dem Fuß gegen den Kopf des Angreifers die Möglichkeit zur Flucht zu bekommen.

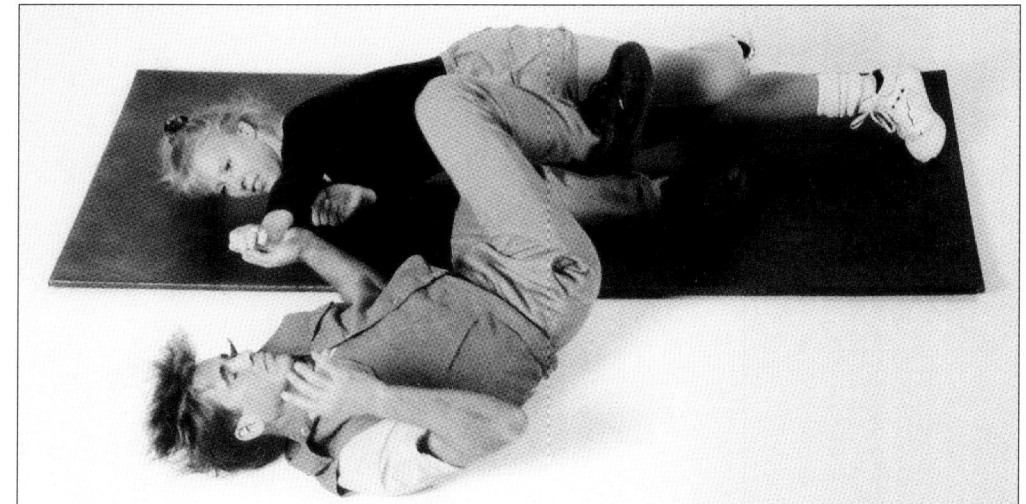

Das Bein wird schon während der Drehung gehoben, durch Hochstützen auf die Arme kann die Angegriffene den Kopf des Täters orten. Das fürchterliche Niedersausen des angespannten und stabilisierten Fußes wird hier nicht ausgeführt.

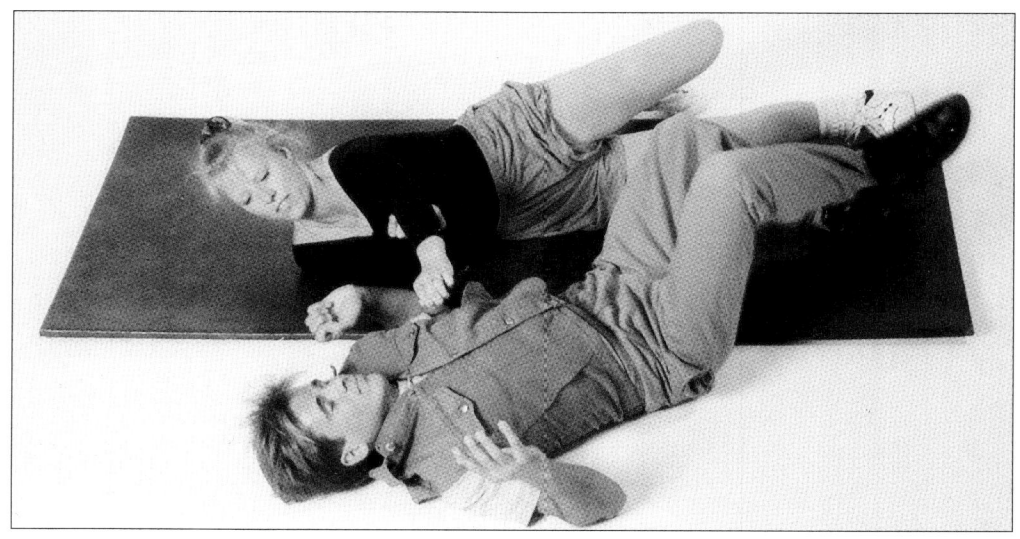

Es kann nur vorsichtig angedeutet werden, daß der Schlag richtig sitzt, wenn die beiden Körper etwa im rechten Winkel zueinander liegen. Wohin immer der Fuß trifft – auf den seitlich gedrehten Kopf, ins Gesicht oder auf den Hinterkopf –, der Schlag muß verheerend wirken.

WICHTIG: Abwurf und Befreiungsschlag müssen in einem Zug ablaufen. Aber nicht »irgendwie«, sondern konsequent nach dem eingeübten Muster der Abwehrtechniken, die gewisse Variationsmöglichkeiten – je nach Situation – offenlassen.

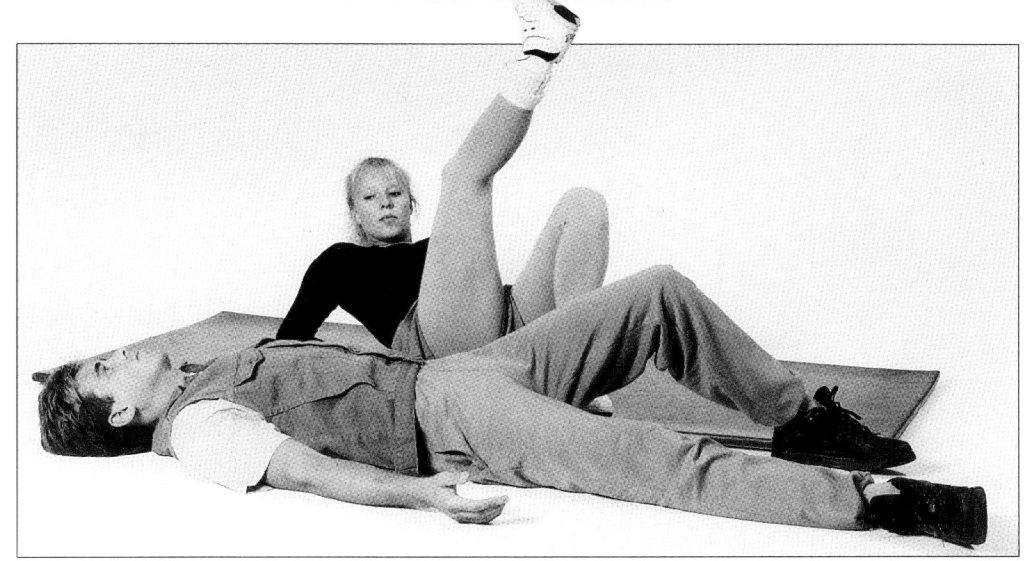

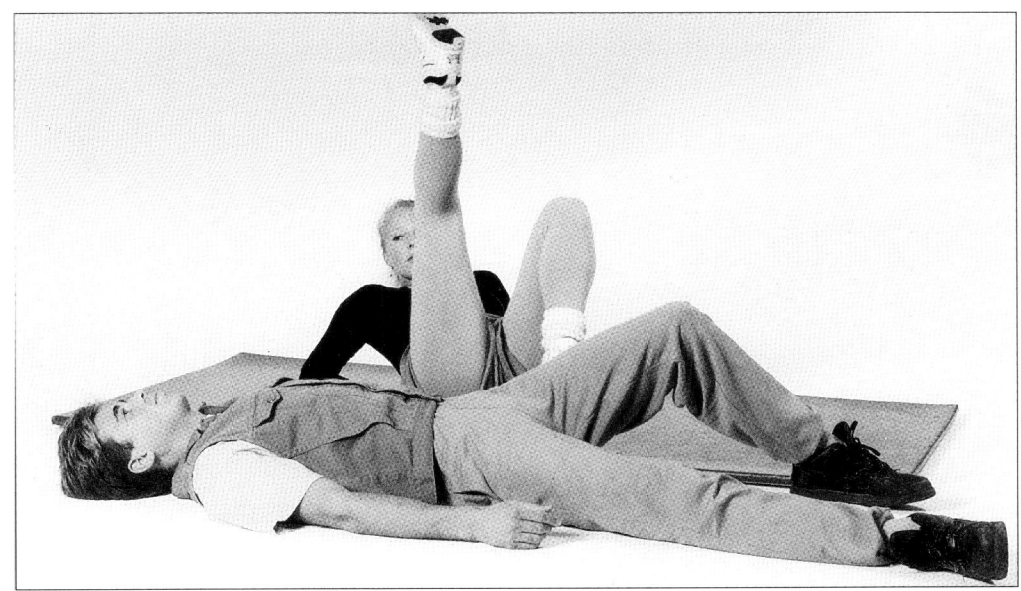

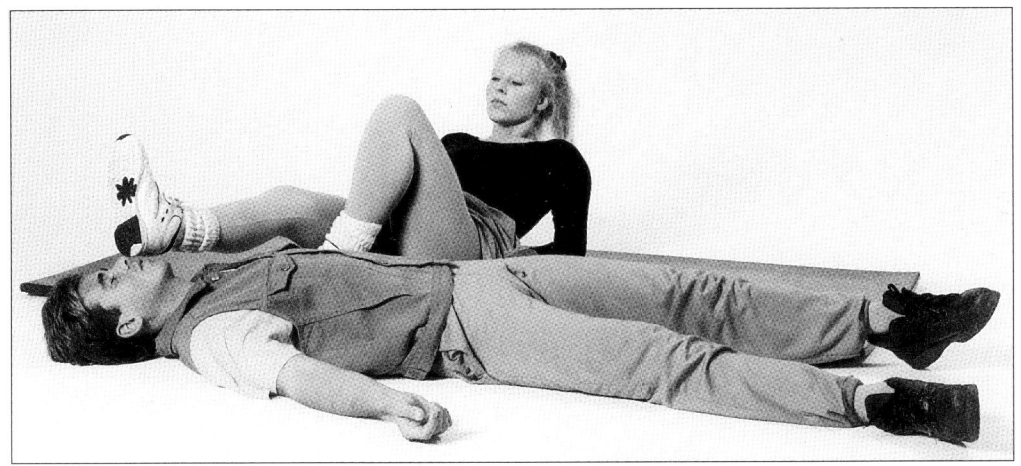

MODEL MUGGING

EINZELHEITEN DES ABWURFS

Griff in die Haare
Gelingt das Ausheben und Herunterziehen nicht auf Anhieb, muß sofort die Taktik geändert werden. Ein Griff in die Haare bewirkt garantiert, daß der Kopf mitgeht. In diesem Fall drückt der linke Arm den Körper und der rechte reißt den Kopf nach rechts unten.

Fuß- und Hüftarbeit
Unterstützt wird die Aktion durch Aufstellen des Fußes, Heben der Hüfte, die gegen den Unterkörper des Angreifers drückt und ihn per Drehung auf jeden Fall in die Seitenlage bringt. Der Griff in die Haare sollte den Kopf mit einem Ruck bis zum Boden herunterziehen.

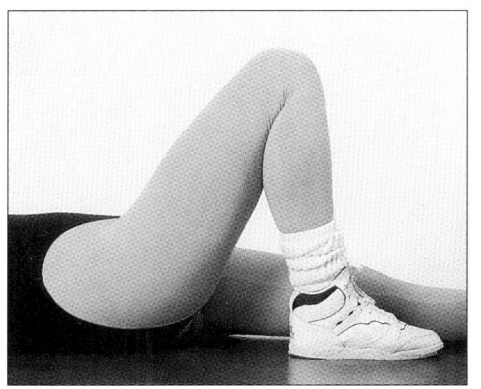

EINÜBEN MIT DEM TRAINER

Schlag gegen die Augen
Wie immer sind auch hier die Augen die empfindlichste Stelle. Wenn das Gesicht des Gewalttäters sich dicht über einem befindet, fällt es sicher nicht schwer, diesen Griff anzuwenden. Sowie ein Arm frei ist, muß mit voller Kraft in der Art eines Prankenhiebs gegen die Augen geschlagen werden. Dann ist der Abwurf in der geübten Weise nur noch eine Kleinigkeit, selbst wenn der geschockte Angreifer ein Koloß ist.

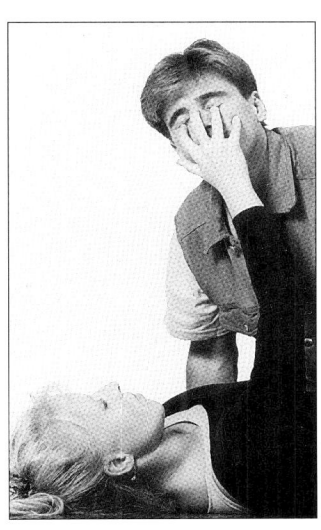

WICHTIG: Der Ablauf des Abwurfs und das anschließende Abrücken müssen konsequent durchgeführt werden. Wenn der Griff in die Augen den Täter kampfunfähig gemacht hat, muß der Schlag gegen den Kopf nicht mehr kommen. Bestehen Zweifel, unbedingt weitermachen!

BEFREIUNGS-SCHLAG GEGEN DEN KOPF

Am dick gepolsterten Helm (oder – besser noch – am Sandsack) werden die richtige Fußhaltung und die Härte des Schlags eingeübt. Die Lage des Kopfes und die rechtwinklige Position sind genau zu beachten. Die Durchschlagskraft des Fußes wird durch das richtige Ausholen des Beins hoch über den eigenen Körper und die Stabilisierung des Fußes bestimmt.

WICHTIG: Das Niedersausen des Fußes darf nicht nur von der Schwerkraft und dem Eigengewicht des Beins abhängen. Es muß auch noch extra Druck erzeugt werden: Muskelanspannung und die Absicht des zerschmetternden Befreiungsschlags sind die Motivation, die sich abspeichern soll. Für immer und ewig, denn der Erfolg dieses Schlags ist wirklich ausschlaggebend.

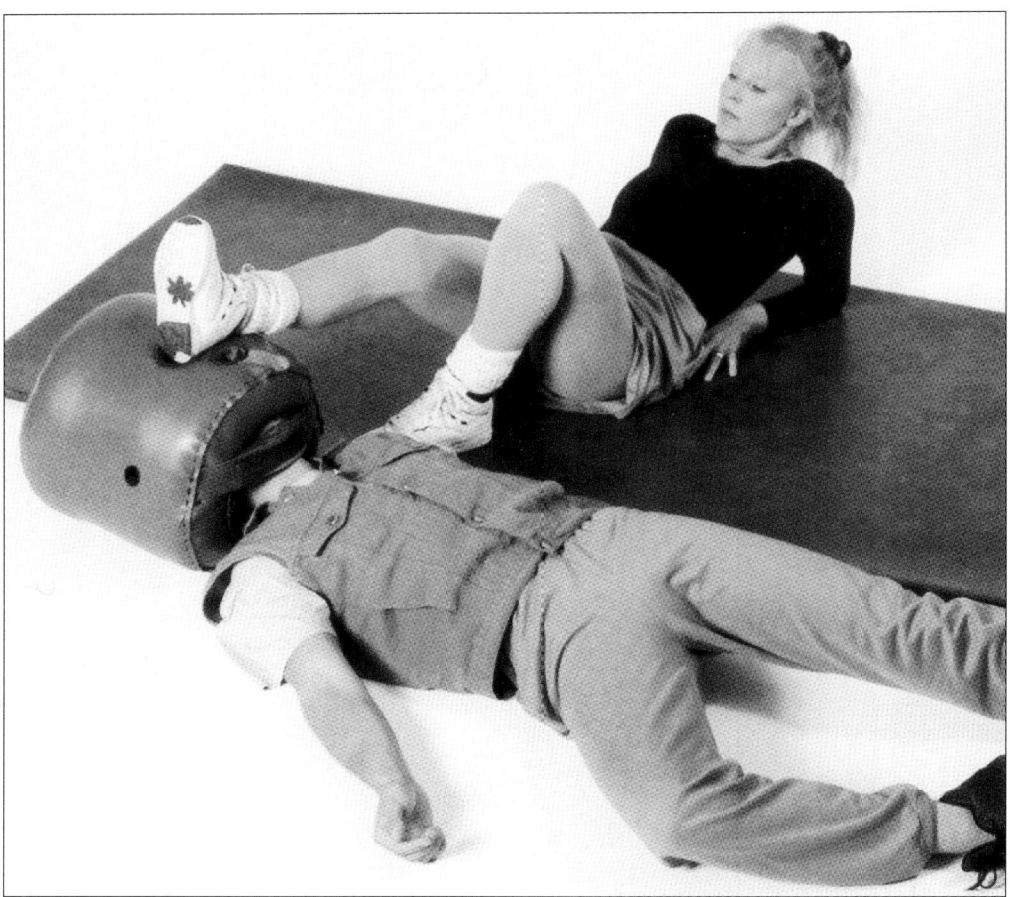

EINÜBEN MIT DEM TRAINER

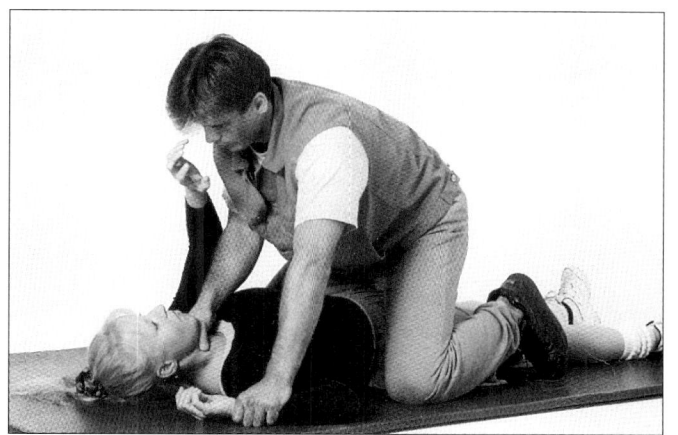
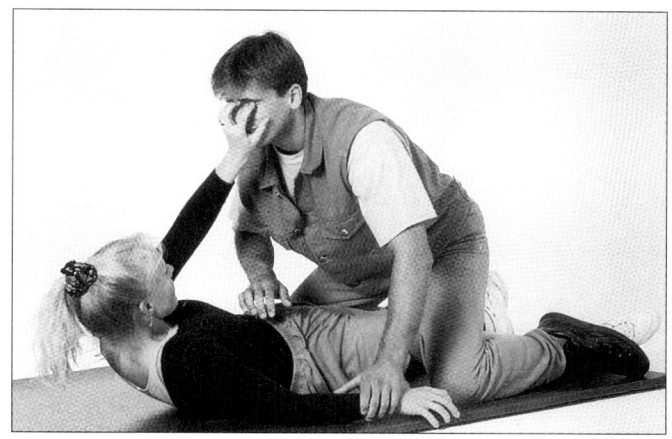
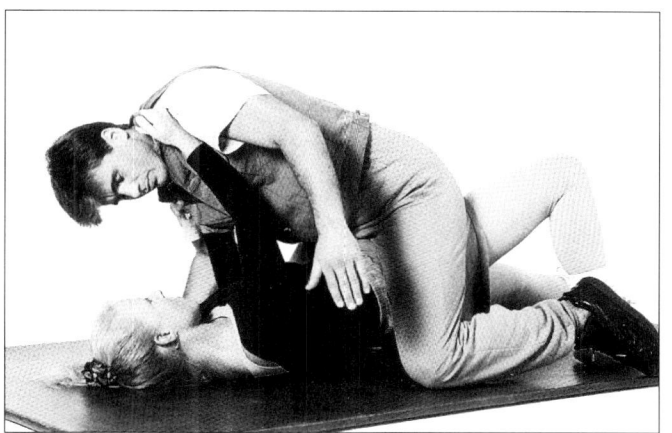

ABWURF NACH GRIFF IN DIE AUGEN

Wie einen nassen Sack wirft »Opfer« Christine den »Täter« Norman ab, nachdem sie bewiesen hat, daß es ihr auch mit einer Hand gelingt, voll in die Augen zu greifen. Obwohl sie's nur andeutet, hat er genug und bleibt erst mal am Boden. Das ist die Chance, sich schnell aufzurappeln und davonzulaufen, bevor sich der Angreifer erholt hat. Andernfalls würde auch hier der Fußschlag gegen den Kopf folgen.

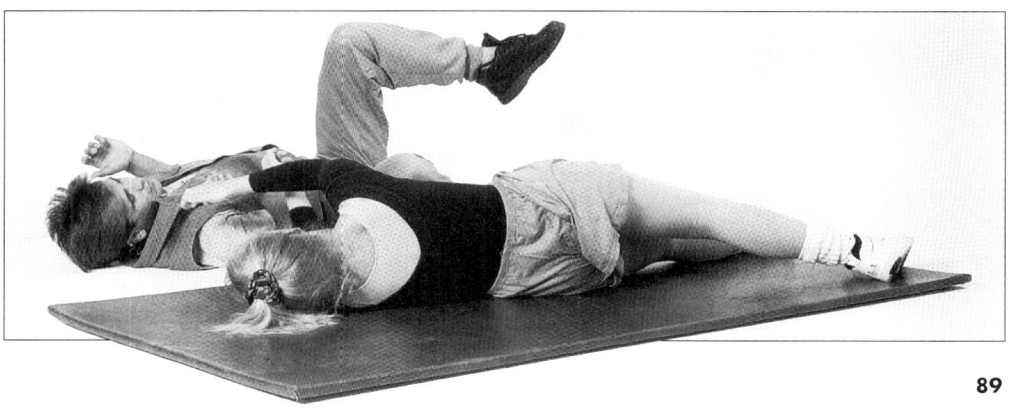

MODEL MUGGING

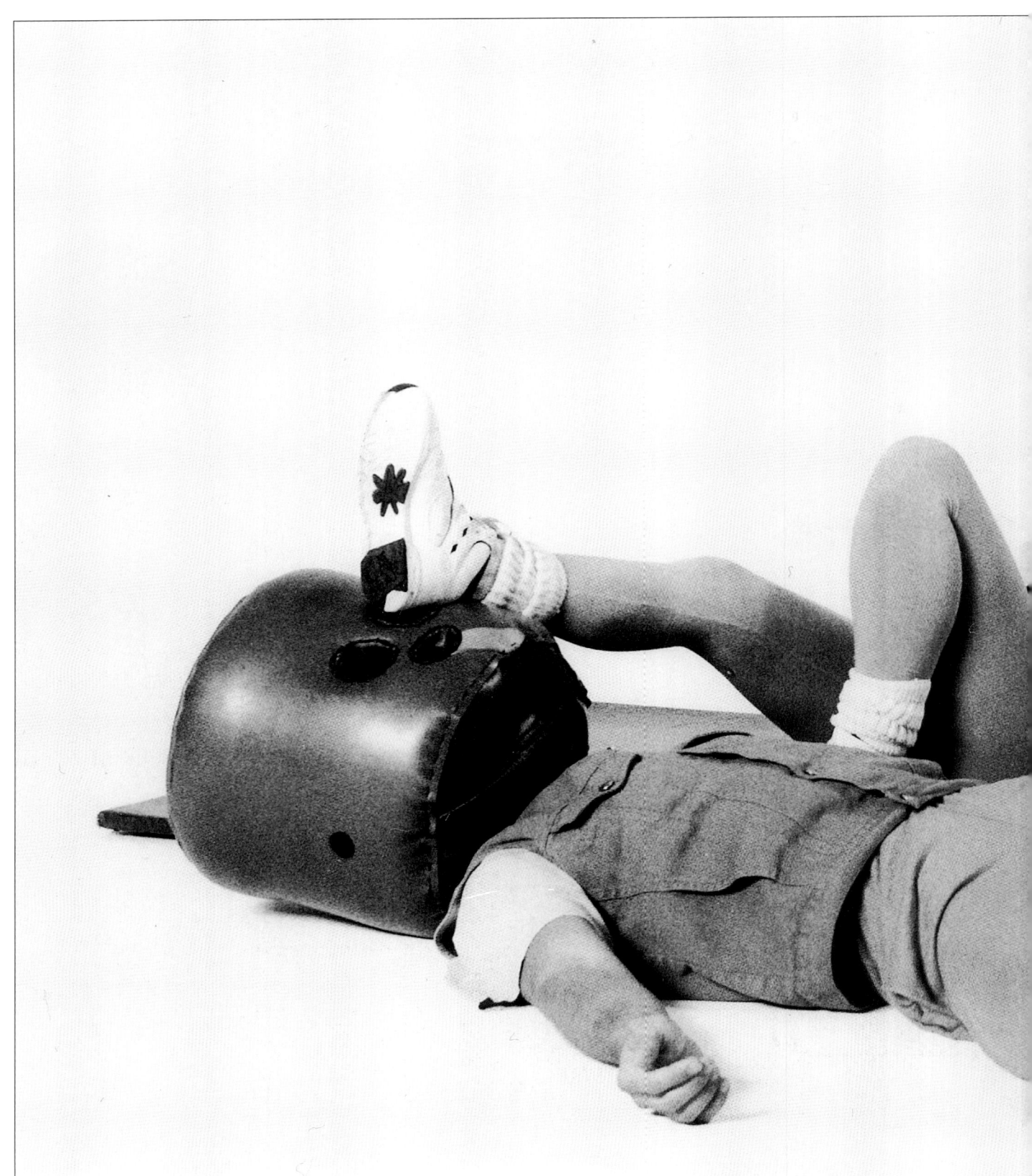

Wenn Sie Model Mugging beherrschen, werden Sie kaum je in die Situation kommen, den endgültigen K.o.-Schlag auszuführen. Doch dazu müssen Sie ihn beherrschen. Erst das sichere Wissen, sich dadurch befreien zu können, gibt Ihnen das Gefühl der erfolgreichen Selbstbehauptung.

VORBEREITUNG ZUM TRAINIEREN DES MODEL MUGGING ZU HAUSE

7

In den Kursen mit dem Trainer Michael Kelm und seiner mehrjährigen Erfahrung ist es ganz sicher leichter, die richtigen Techniken und Abläufe der Selbstverteidigung zu lernen. Das soll hier nicht verschwiegen werden. Aber wer die Logik, die Härte und die Notwendigkeit theoretisch begriffen hat – und das vermittelt dieses Buch –, ist auch in der Lage, sich die physischen Voraussetzungen selbst anzueignen. In diesem Kapitel will ich Ihnen noch einmal die Grundlagen erläutern und anschließend die Übungsschritte genau vorführen, so daß Sie ihr eigenes Selbstverteidigungstraining beginnen können.

Sie benötigen dazu einige – meist im Haushalt vorhandene – Hilfsmittel: Kissen, Polster, feste Schaumgummi- oder Latexreste, eine Iso- oder Gymnastikmatte – wenn möglich auch einen Sandsack oder eine flache, einteilige Matratze, die an die Wand gelehnt werden kann. Und einen Trainingspartner. Das kann eine Freundin sein; es kann auch in einer kleinen Gruppe gleichgesinnter Frauen trainiert werden. Ein motivierter männlicher Freund oder Partner ist ebenfalls als Mitmacher zu gebrauchen. Er sollte allerdings der Sache gegenüber wirklich positiv eingestellt sein. Eine ablehnende oder herablassende Haltung würde Sie nur verunsichern; destruktive Kritik oder wettbewerbsmäßiges Kräftemessen sind für die Übungsphase hinderlich. Es empfiehlt sich, an dieser Stelle zu wiederholen, welche Einstellung und Motivation für junge Mädchen und Frauen zur Selbstbehauptung und wirksamen Abwehr von männlichen Übergriffen notwendig sind.

VERTRAUEN IN DIE METHODE

Mit Model Mugging – also mit Hilfe eines Scheinangriffs oder -überfalls in einer konstruierten »Modellsituation« – die eigene Verteidigungsbereitschaft zu erproben und wirksame Abwehrmethoden einzuüben, ist immer nur eine »Trockenübung«. Erst wenn der Realfall eintritt, kann der absolute Wirksamkeitsbeweis erbracht werden. Das gilt für das Kurstraining genauso wie für das Hometraining. Was bei beiden Methoden gleichermaßen gestärkt wird, ist die Überzeugung, es zu schaffen und im Ernstfall gewappnet zu sein. Dazu müssen Frauen ihre Opferhaltung »verlernen« und die Notwendigkeit ihrer Selbstbehauptung einsehen lernen.

MODEL MUGGING

Nicht durch rational begriffene Methodik prägt sich das Selbstverteidigungsverhalten ein, obwohl durchaus auch die Logik vermittelt wird. Model Mugging funktioniert mehr über den Bauch als über den Kopf. Bewegungsabläufe, Härte und Konsequenz von Tritten und Schlägen werden über Motivationsmechanismen gesteuert. Der Vorsatz, sich zu wehren, ist schon der halbe Erfolg. Das »Wie« ist nicht kompliziert, sondern leicht zu erlernen, ist kein reglementierter Kampfsport, der spezielle Körperbeherrschung erfordert und ästhetische Maßstäbe anlegt. Die Übungen sollten als geschlossener Kreislauf angesehen werden, als ein System, in dem ein Schritt den nächsten bedingt.

Wenn Sie genügend motiviert sind, sich zur Wehr zu setzen, werden Sie es nicht halbherzig tun, sondern konsequent hart. Sie wissen:

◇ Sie sind die Bedrohte, Sie haben das Recht, den Aggressor mit allen Ihnen zur Verfügung stehenden Mitteln zu stoppen.
◇ Sollte er dabei zu Schaden kommen, hat er es sich selbst zuzuschreiben.
◇ Vergessen Sie nicht, daß der Täter keine Skrupel hat, Ihnen Schaden zuzufügen! Sie müssen das nicht hinnehmen! Das Grundgesetz gesteht Ihnen das Recht auf körperliche Unversehrtheit zu.

Wenn Sie sich das klarmachen, müßte es automatisch Ihr Selbstwertgefühl heben. Ihre Ausstrahlung wird von dem Augenblick an schon von weitem signalisieren:

◇ Mach mich nicht an, wenn du keinen Ärger haben willst!
◇ Ich bin keine leichte Beute, auch wenn du einen Kopf größer bist.
◇ Ich beherrsche mein Repertoire und bin gewillt, es einzusetzen, und zwar erfolgreich.
◇ Mein Vorteil ist, daß du nicht gefaßt bist auf meine Gegenwehr.
◇ Mein Tritt gegen dein Schienbein wird schmerzhaft sein.
◇ Aber bevor du deine Überraschung überwunden hast, folgt der Kniestoß zwischen die Beine.
◇ Noch nicht genug? Dann kann es weitergehen!
◇ Ich werde – wenn nötig – alle meine Mittel einsetzen.
◇ Daß Frauen Angst haben, grob zu sein, mag früher gestimmt haben.
◇ Ich scheue mich nicht, gegen deine empfindlichste Schwachstelle, die Augen, vorzugehen.

TRAINIEREN ZU HAUSE

Die Gewißheit des Erfolgs ist nachvollziehbar: Das Model Mugging basiert auf der simplen Tatsache, daß Schmerz – vor allem, wenn jemand nicht damit rechnet – Irritation hervorruft. Da ein Aggressor kaum je auf Gegenwehr von Frauen gefaßt ist, wird er meist schlagkräftig von seinem Vorhaben abgebracht. Zumindest ist er durch den Schmerz einige Augenblicke nicht in der Lage, sein Vorhaben auszuführen. Diesen Moment können Sie nutzen zum Entkommen oder zur weiteren, endgültigen Befreiung. Der ultimative Griff in die Augen wird für Sie ohne Frage kein Tabu sein. Von der Wirkung dieser Verteidigungsmöglichkeit werden Sie bald genauso überzeugt sein, wie all die Frauen, die den Kurs absolviert haben. Beim Training mit Michael Kelm schaffen die Frauen ihren Durchbruch innerhalb von maximal zwölf Übungsstunden.

LEARNING BY DOING

Sie können zuerst den leichtesten Schritt der Verteidigung – den Schienbeintritt – an einem gepolsterten Objekt so lange ausprobieren, bis Ihnen klar ist, welche Kraft hinter so einem Tritt steckt. Sie spüren die Härte sozusagen reziprok, weil Ihr Fuß durch den Turnschuh schmerzt und Sie blaue Flecke bekommen. Also: Vorsicht beim Ausprobieren der Durchschlagskraft an ungeeigneten Objekten! Das Schienbein ist um ein Vielfaches empfindlicher als der Fuß. Wenn Sie das nachvollziehen wollen, lassen Sie Ihre Trainingspartnerin Ihr ungeschütztes Bein mit nur leichtem Schwung treffen. Oder umwickeln Sie es dick mit Kissen und Schaumgummi und stabilisieren Ihren Stand, wenn sie etwas härter zutritt. Machen Sie sich dann klar, wieviel fester Sie inzwischen zutreten können! Auch die furchtbare Wirkung des Griffs in die Augen ist so zu überprüfen. Bitten Sie Ihre Partnerin, sich ein kleines, möglichst festes Kissen vorn vor der Schulter unter eine Jacke oder ein Sweatshirt zu stopfen. Dann üben Sie den Augenschlag mit der rechten Hand: zunächst einfach so fest wie möglich mit der flachen Hand, dann mit leicht gekrümmten Fingern, so daß die Fingerspitzen krallenartig auftreffen. Üben Sie extreme Härte, bis Sie das Gefühl haben, einen gelungenen Frankenhieb ausgeführt zu haben. Merken Sie sich diese Härte. Danach probieren Sie einen leichten, dann einen härteren Schlag gegen die ungeschützte Schulter der Freundin. Und vice versa. Sie spüren sicher selbst an dieser relativ unempfindlichen Stelle des oberen Brustmuskels schnell den zunehmenden Schmerz und können sich vorstellen, was schon ein verhältnismäßig abgemilderter Schlag auf die Augen zur Folge hätte – ganz zu schweigen von einem mit gezielter Kraft geführten Notwehrhieb!

Das Üben wird Ihnen verdeutlichen, welche Kraft Sie tatsächlich haben und daß Ihre faktische Hilflosigkeit nicht mehr aufrechtzuerhalten ist.

MODEL MUGGING

Das Üben wird Ihnen verdeutlichen ◇ welche Kraft Sie tatsächlich haben, ◇ welchen Schmerz Sie einem Angreifer damit zufügen können, ◇ daß Ihre vorgebliche Hilflosigkeit faktisch nicht mehr aufrechtzuerhalten ist, ◇ daß Sie Ihre Einstellung zu sich selbst ändern müssen, die da lautete: ◇ Ich brauche mich ja gar nicht erst zu wehren, weil ich sowieso die Schwächere bin.

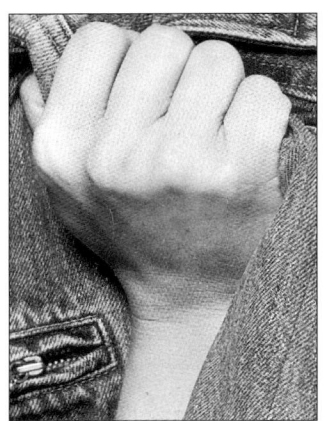

Wie gesagt, das Verblüffende an der Sache sind die Signale, die Sie durch Ihr verändertes Auftreten, Ihr gestärktes Selbstvertrauen unbewußt aussenden. Die bemerkt auch ein potentieller Angreifer. Er versteht die Körpersprache der gesunden Selbstsicherheit – wie er auch die der Angst registriert. Häufig verändert das sein Verhalten. Jemand, der glaubt, in einer Frau ein von Natur aus körperlich unterlegenes Opfer vor sich zu haben und deshalb leicht überfallen und besiegen zu können, ist grundsätzlich nicht draufgängerisch, sondern eher feige. Die Ausstrahlung von Kraft und Furchtlosigkeit mindert sein Überlegenheitsgefühl und verunsichert ihn. Dadurch sind Sie im Vorteil, und weder Körpergröße noch Alter sind von Bedeutung.

Jede Frau kann signalisieren:
◇ Ich bin verteidigungsbereit. Und damit drückt sie aus: Ich bin sicher, daß ich dir Schmerz zufügen, dich abwehren kann und dich notfalls mit allen Mitteln bekämpfen werde.
◇ Dieses Selbstvertrauen kann jede Frau durch Model Mugging erwerben.

Und das wirklich Unglaubliche ist: Sie wird es ihr Leben lang behalten! Die Psyche lernt systematisch »richtige« Verhaltensweisen und speichert sie. Die Anwendung erfolgt nach dem vorgegebenen Konditionierungsmuster ohne unser bewußtes Zutun. Die Techniken müssen präzise eingeübt werden, und auch die neuromotorische Speicherung erfolgt durch Üben und Einprägen: Der Schlag war hart und richtig. Den merke ich mir, den merkt sich meine Hand, mein Fuß, mein Knie. Damit entsteht jene wichtige Kopplung – die unbewußte Verbindung von Reiz und Reaktion. Am eigenen Leib wird spürbar, daß wir ab einem bestimmten Moment nicht mehr anders können, als »richtig« zu reagieren.

Wenn Sie drei oder auch vierzehn Tage mit diesem Buch gearbeitet haben und sämtliche Übungsschritte durchgegangen sind, wird auch Ihr Vertrauen in Ihre Fähigkeit zur Selbstbehauptung so gestärkt sein, daß Sie hochmotiviert sind. Mit Sicherheit fühlen Sie sich dann in der Lage, sich in bedrohlichen Situationen zur Wehr setzen zu können.

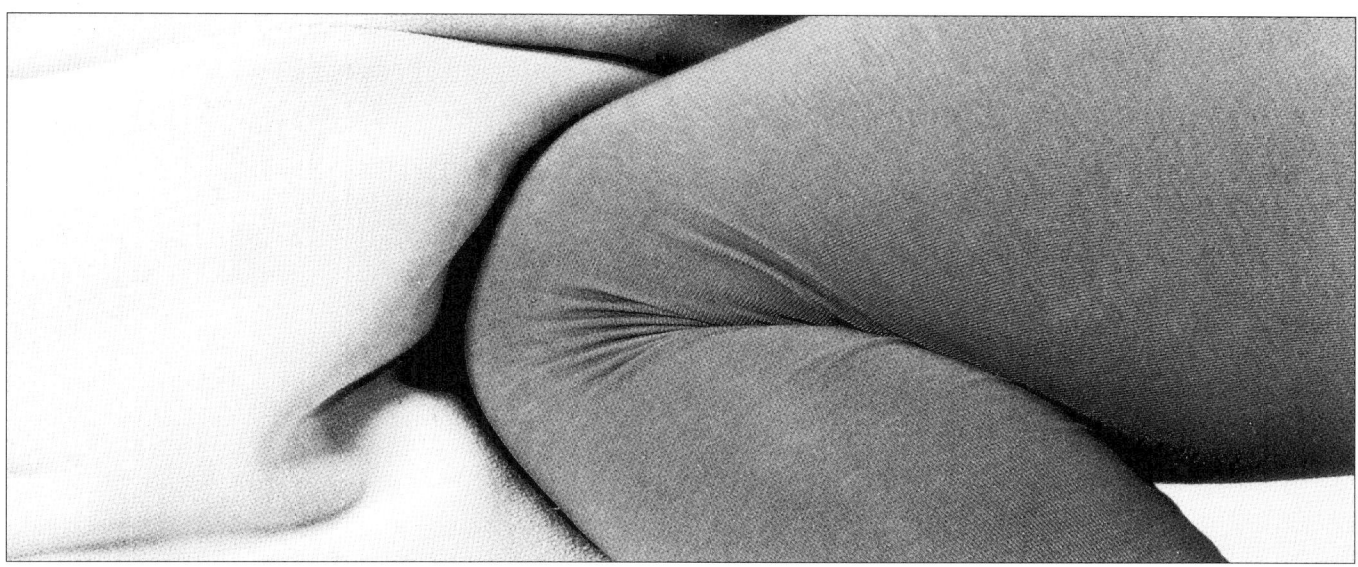

Cora Besser Siegmund

WIE MODEL MUGGING WIRKT – DIE PSYCHOLOGISCHE ERKLÄRUNG

Der Erfolg der Model-Mugging-Methode beruht darauf, daß der Trainer bestimmte Bewegungsabläufe unter Einsatz der vollen Körperkraft so intensiv mit den Teilnehmerinnen einübt, daß diese Bewegungen im Angriffsfall dann zu unbewußten, vom Gehirn quasi völlig automatisch gesteuerten Körperreaktionen werden. Es ist ja bekannt, daß die Psychologie mit den Begriffen »das Bewußtsein« und »das Unbewußte« arbeitet. Tatsächlich bezeichnen diese Phänomene unterschiedliche Arbeitsweisen unseres Gehirns, die gleichzeitig und parallel ablaufen.

Das »Bewußtsein« nimmt die jeweils neuen Eindrücke des Alltags im Wachzustand auf. Dafür muß sich die Wahrnehmung auf ganz bestimmte Einzelheiten konzentrieren. Diese Konzentrationsarbeit des Gehirns wird durch das sogenannte Unbewußte unterstützt, indem dieses das Bewußtsein vom Nachdenken über schon einmal »gespeicherte« Fähigkeiten, Befindlichkeiten oder Wissensinhalte befreit. So ist das »Unbewußte« nicht nur der Sitz der Geheimnisse vor uns selbst, sondern eine gut sortierte Ansammlung von nützlichen »Programmen« für unser Überleben im Alltag. Hätte das Unbewußte diese Programme nicht angelegt, könnten wir nicht einmal einen simplen Einkauf bewältigen. Stellen Sie sich vor, Sie müßten jeden Morgen Ihre Muttersprache oder andere Selbstverständlichkeiten aufs neue lernen! Dieser Riesenaufwand würde jeden vernünftigen Tagesablauf sprengen. Die bewußte Wahrnehmung, quasi der »Speichervorgang« im Alltag, arbeitet gegenüber den unbewußten Abläufen wesentlich langsamer, da die Aufnahme neuer Erfahrungen

So ist das Unbewußte nicht nur der Sitz der Geheimnisse vor uns selbst, sondern eine gut sortierte Ansammlung von nützlichen Programmen für unser Überleben im Alltag.

sehr viel mehr Zeit benötigt als das Aufrufen schon gespeicherter Fähigkeiten. Interessanterweise verbraucht das Gehirn beim »Speichern« oder Lernen wesentlich mehr Energie als beim Abrufen bereits angelegter »Programme«.

Sicher kennen Sie den Ausdruck, daß einem Menschen eine Fähigkeit in »Fleisch und Blut« übergegangen ist. Damit meinen wir, daß zunächst aufwendig Erlerntes plötzlich wie ein eigenständiges, zuverlässiges und automatisches Geschehen in uns abläuft. Der positive Programmeffekt zeichnet sich dadurch aus, daß die auf den ersten Blick schwierigen oder mühseligen körperlichen oder geistigen Lerninhalte plötzlich ganz leicht erscheinen. Dieses subjektive Erleben von Leichtigkeit deckt sich mit der oben beschriebenen Tatsache, daß die in »Fleisch und Blut« übergegangenen Fähigkeiten während der Gehirnaktivierung nur sehr wenig Energie verbrauchen. Ist dieser Status erreicht, steht das Gespeicherte im Gehirn auf Jahre abrufbereit zur Verfügung.

So mußten wir als Kleinkinder mit viel Aufwand den aufrechten Gang einüben – heute wissen die Füße und Beine von ganz allein, was beim Gehen, Laufen oder Treppensteigen zu tun ist. In der Fahrstunde dachte so manche Leserin sicher: »Das schaffe ich nie – kuppeln, Gang einlegen, Gas geben, Ampeln und Schilder beachten, auf der richtigen Spur fahren – und alles immer im richtigen Moment!« Heute fahren die meisten von uns Auto und unterhalten sich dabei auch noch mit dem Beifahrer. Die fürs Fahren erforderlichen Reaktionsabläufe fließen dabei ohne bewußtes Nachdenken wie von allein. Beim Model Mugging nun achtet der erfahrene Trainer darauf, daß sich bei den Teilnehmerinnen eben genau dieser selbstverständliche Automationseffekt in der körperlichen Verteidigungsreaktion einstellt.

Beim Model Mugging achtet der erfahrene Trainer darauf, daß sich bei den Teilnehmerinnen genau dieser selbstverständliche Automationseffekt in der körperlichen Verteidigungsreaktion einstellt.

Wie aber schafft es unser Gehirn, auf ein Training hin diese zuverlässigen »Reaktionsprogramme« in uns anzulegen? Betrachten wir uns zunächst einmal die »Daten« über dieses erstaunliche und enorm leistungsfähige Organ. Das menschliche Gehirn verfügt durchschnittlich über zehn Milliarden Gehirnzellen. Einige Forscher vermuten sogar die weitaus größere Anzahl von hundert Milliarden Zellen. Wenn wir lernen – beispielsweise das Einmaleins –, fangen bestimmte Gehirnzellen auf den ständigen Lernimpuls hin an, zueinander Verbindung aufzunehmen. Die Zellen bilden Nervenleitungen aus, die in der Mikroskopaufnahme an die Verästelungen von Baumkronen erinnern. Die Enden dieser Verästelungen verschiedener Zellkörper treffen sich dann und verknüpfen sich miteinander. So kommen viele einzelne Zellen miteinander in Verbindung. Eine einzelne Gehirnzelle steht auf diese Weise mit jeweils zehntausend anderen (!) in Kontakt. Sind eine Anzahl von Gehirnzellen dann auf den Trainingsimpuls stabil miteinander verknüpft, garantieren sie zukünftig den Programmcharakter des einmal Gelernten. Gehirnforscher sprechen jedoch nicht von einem »Programm«, sondern von einem »Engramm«, wenn der Verknüpfungsvorgang erfolgreich abgeschlossen ist.

TRAINIEREN ZU HAUSE

Jedoch ist die organische Verknüpfung durch Nervenenden nicht der einzige Garant für das Zusammenspiel der im Engramm beteiligten Zellen. Man hat herausgefunden, daß bestimmte Engramme sich nicht auf eine kleine Stelle im Gehirn beziehen, sondern weit voneinander entfernte Gehirnzellen gleichzeitig in die Programmtätigkeit mit einbeziehen. Woher aber wissen so weit voneinander entfernt liegende Gehirnzellen, daß sie zu ein und demselben Engramm gehören? Das Geheimnis besteht darin, daß Gehirnzellen sich auch über große Entfernungen regelrecht »unterhalten« können. Und zwar beginnen sie, auf der gleichen Wellenlänge – die in Hertz gemessen wird – zu schwingen, wenn sie gemeinsam aktiv sind. Gehirnforscher sprechen hier – fast romantisch – vom »Gesang der Neuronen« (Neurone = Gehirnzellen). Dieser »Gesang« entspricht dann der aktiven Tätigkeit des Engramms. Die Gehirnzellen verhalten sich also bei eingespielten Programmen wie ein Chor, bei dem die einzelnen Sänger ein Lied schon öfter miteinander geprobt haben.

Heute wissen wir, daß der Verknüpfungsprozeß der Gehirnzellen schon beim erstmaligen Aufnehmen einer neuen Lernerfahrung eingeleitet wird. Es ist egal, ob diese Lernerfahrung durch etwas Visuelles (ein Bild oder Text), etwas Auditives (zum Beispiel gehörte Sätze oder Musik) oder etwas Körperliches (Bewegungen und Empfindungen) transportiert werden. Der Vollständigkeit halber sei gesagt, daß auch Riechen und Schmecken Erfahrungen für unseren »Erinnerungsspeicher« Gehirn darstellen. Schon beim ersten Erlebnisimpuls werden die Gehirnzellen vom Wahrnehmungsreiz »berührt«, das heißt, der Gehirnforscher kann in den beteiligten Zellen eine Erregung feststellen. Es heißt dann, daß der Nerv »feuert«. Auf diese Erregung hin verändert sich die Chemie in den entsprechenden Zellen, und sie fangen an, sich nach außen hin anders zu verhalten und andere Zellen mit der Veränderung »anzustecken«. Dieses neue chemische Verhalten nach außen führt dann manchmal erst nach Wochen zu einer Ausbildung von neuronalen Verknüpfungen. Insofern hat unsere Sprache recht, wenn wir sagen: »Das muß sich erst einmal setzen.« Oder: »Das muß ich verdauen.« So kann sich tatsächlich wie beim Model Mugging eine Erfahrung noch Wochen und Monate nach der Zeit des eigentlichen Erlernens im Gehirn verfestigen.

Wie aber kommt es dazu, daß Verteidigungsreaktionen des Model-Mugging-Trainings in der Angriffssituation zuverlässig ablaufen? Wodurch wird also das Verteidigungsprogramm im Ernstfall aktiviert? Die realistische Darstellung der Angriffssituation durch den Trainer ist der eigentliche Garant für den Erfolg. Er bietet auf mehreren Ebenen reale Reize an, die der Angriffssituation sehr ähnlich sind. Dabei stellt er nicht nur einen realen Körper fürs massive Üben zur Verfügung, sondern er imitiert sogar die Sprache und die körperliche Gewalt eines potentiellen Angreifers. Diese realen Reize verkoppelt das Gehirn dann auch im Ernstfall auf der Gehirnzellenebene mit dem hier parat liegenden Verteidigungsprogramm. So wirkt das

Das Geheimnis besteht darin, daß Gehirnzellen sich über große Entfernungen regelrecht unterhalten können. Gehirnforscher sprechen hier vom »Gesang der Neuronen«.

komplette Verhalten eines Angreifers jetzt wie ein Auslöser, wie ein Einschalter für die Model-Mugging-Methode im Gehirn der trainierten Frau. »Gehirntechnisch« gesehen bewirken die Angriffssignale jetzt genauso zuverlässige Reaktionen wie die Ampelsignale beim Autofahren: Man bremst automatisch bei »Rot«, ohne eigentlich noch richtig nachzudenken. Entsprechend fungiert der Angreifer als »grünes Licht« für das unbewußte und automatische Durchstarten der Verteidigungsfähigkeiten.

So entsteht bei trainierten Frauen im Angriffsfall unbewußt das Aha-Gefühl: »Die Situation kennst du doch.« Die Verteidigungsreaktionen sind so vertraut wie der aufrechte Gang und laufen zuverlässig ab. Untrainierte Frauen geraten bei ähnlichen Vorfällen in die Verlegenheit des hilflosen Ausprobierens. Es liegt noch kein fest »installiertes« Programm zur Verteidigung vor, welches auf den Angriffsreiz hin aktiviert werden könnte. Die Überlegenheit in einer gewalttätigen Auseinandersetzung jedoch besteht nicht im Ausprobieren oder gar Üben sondern im *Können,* das in Form eines Gehirnengramms tatsächlich in Fleisch und Blut übergegangen ist.

Kritiker könnten nun befürchten, daß durch das Model Mugging eine Schar gewalttätiger Frauen herangezüchtet wird, die den eigenen Körper wie eine unkontrollierte Waffe mit sich spazierenführen. Man muß aber bedenken, daß das Gehirn das Model Mugging als ein zusätzliches Programm aufbaut und niemals anstelle der bereits vorliegenden vorsichtigen und sanften Umgangsformen mit dem Körper anderer Menschen. Der Handwerkskoffer der Reaktionen wird nur vervollständigt. Im Ernstfall wählt dann das Gehirn für die Situation auch das jeweils nützlichste gespeicherte Programm aus. Und tatsächlich ist es ja bei einer Bedrohung das Nützlichste, daß der Täter unterliegt oder die Flucht ergreift.

> **Die Verteidigungsreaktionen sind so vertraut wie der aufrechte Gang und laufen zuverlässig ab. Die Überlegenheit besteht darin, daß das richtige Können tatsächlich in Fleisch und Blut übergegangen ist.**

Genauso wie das Gehirn die Angriffssituation erkennt und an das Model-Mugging-Programm ankoppelt, kann es aber auch erkennen, welche äußerliche Situation *nicht* zum Model Mugging paßt. Es achtet also zuverlässig und automatisch darauf, daß die aufgerufenen »Programme« auch zum Kontext in der Außenwelt passen. So können Sie beispielsweise radfahren, kämen jedoch kaum auf die Idee, in Ihrer Küche ein paar Runden mit dem Fahrrad zu drehen. Laufen Sie Ski, werden Sie die entsprechenden Bewegungen erst ausführen, wenn Sie Bretter unter den Füßen fühlen und den Abhang vor sich sehen. Sie würden diese Bewegungen niemals in der Sauna ausüben – obwohl da auch Bretter sind. Entsprechend behält das Gehirn die Körpergewalt der Methode nur für den Ernstfall zurück.

Letztlich sei noch gesagt, daß die Model-Mugging-Bewegungen eigentlich keine schwierigen, sondern nur ungewöhnliche und von der Anzahl her wenige Übungen sind. Das Erlernen einer Fremdsprache ist im Vergleich dazu für das Gehirn eine wesentlich aufwendigere Speicherarbeit. Aufgrund der Überschaubarkeit der einzelnen Reaktionen wird die Methode entsprechend leicht behalten. Außerdem ist bekannt, daß unser Gehirn dazu neigt, für das reine Überleben wichtige Programme besonders tief zu verankern.

WAS SIE SICH UNBEDINGT MERKEN SOLLTEN

»Model Mugging – die beste Art, es schnell zu lernen«, so lautet der Titel dieses Buches. Gegenüber vielen anderen, sehr langwierigen Methoden, sich über Kampfsport- oder Reaktionstraining eine wirksame Verteidigungstechnik anzueignen, ist Model Mugging tatsächlich eher als ein Schnellkurs anzusehen. Dennoch ist das Training kein Kinderspiel.

Um die im letzten Abschnitt beschriebene Wirkungsweise zu erreichen, ist das konsequente Einüben der Techniken ebenso zwingend notwendig wie das Trainieren der Härte der einzelnen Tritte und Schläge.

Deshalb sei hier noch einmal gesagt:
- ◇ Model Mugging basiert auf der einfachen Tatsache, daß Schmerz – vor allem überraschender – Irritationen hervorruft. Es geht also darum, einen Überraschungseffekt zu erzielen, schnell zu sein, die Schockwirkung zu nutzen und den Täter abzuwehren. Das alles muß als Wirkungsprinzip neuromotorisch gespeichert werden.
- ◇ Die Psyche lernt systematisch richtige Verhaltensweisen. Die Anwendung erfolgt nach dem vorgegebenen Konditionierungsmuster ohne unser bewußtes Zutun. Aber die Techniken müssen eingeübt werden.
- ◇ Wer die Logik, die Härte und die Notwendigkeit theoretisch begriffen hat, ist auch in der Lage, sich die physischen Voraussetzungen selbst anzueignen.
- ◇ Der richtig sitzende Treffer und die optimale Stärke der Schläge sollten »begriffen« und bewußt registriert werden: »Das merke ich mir!«

In ihrer Erklärung über die psychologische Wirkungsweise des Model Mugging weist Cora Besser-Siegmund auf die Notwendigkeit der vom Gehirn quasi automatisch gesteuerten Körperreaktionen hin, die nur durch intensives Eintrainieren verfügbar werden. Weiter schreibt sie, daß der positive Programmeffekt sich dadurch auszeichnet, daß die zuerst schwierigen körperlichen und geistigen Lerninhalte plötzlich ganz leicht erscheinen und die realistische Darstellung der Angriffssituation mit dem Trainer äußerst wichtig ist.

- ◇ Beim Model Mugging achtet der erfahrene Trainer darauf, daß sich bei den Teilnehmerinnen genau dieser selbstverständliche Automationseffekt in der körperlichen Verteidigungsreaktion einstellt.
- ◇ Er bietet auf mehreren Ebenen reale Reize an, die der Angriffssituation sehr ähnlich sind. Diese realen Reize verkoppelt das Gehirn dann auch im Ernstfall auf der Gehirnzellenebene mit dem hier paratliegenden Verteidigungsprogramm. So wirkt das komplette Verhalten eines Angreifers jetzt wie ein Auslöser für die Model-Mugging-Methode.

MODEL MUGGING

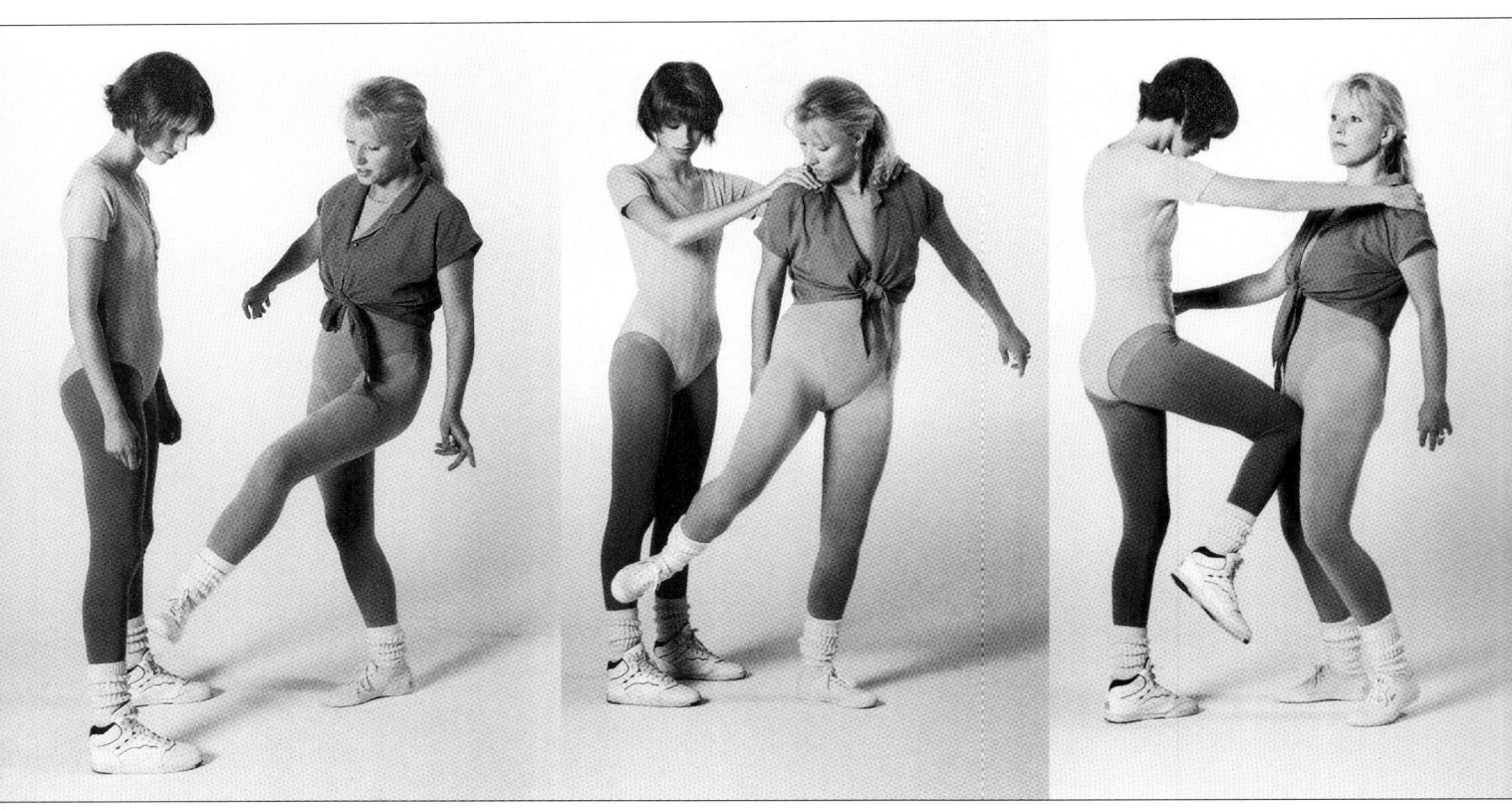

ZEHN VERTEIDIGUNGSSCHRITTE ZUM SELBSTEINÜBEN

8

MODEL MUGGING

1. SCHRITT: SCHIENBEINTRITT VORWÄRTS

Wenn Sie sich die Trainingsanleitung im Text und auch den bebilderten Ablauf mit dem Trainer genau angeschaut haben, sind Sie geistig bestens vorbereitet und theoretisch schon gut unterrichtet. Das nutzt aber nur wenig, wenn Sie es nicht auch selbst einüben und so lange trainieren, bis sich sowohl das Gefühl der richtigen Technik als auch der notwendigen Härte der einzelnen Schläge, Stöße und Griffe ergeben hat.

So merkwürdig es klingt: Im Grund kann Ihnen kein anderer bestätigen, wie gut Sie wirklich sind. Nur Sie selbst werden es merken. Sie stellen fest, wie Ihre Sicherheit wächst, welche Dynamik sich entwickelt. Irgendwann werden Sie selbst sagen: Jetzt hab' ich's, jetzt sitzt die Technik. Das gute Gefühl, das Sie dabei haben, trügt nicht. Was Sie als richtig und powervoll genug erkannt haben, bleibt für immer und ewig in Ihrem Unterbewußtsein gespeichert und ist genau so wieder abrufbar. Sie wissen schon: durch den Reiz-Reaktions-Mechanismus!

Stellen Sie sich also vor Ihrer Trainingspartnerin auf – so wie es Sara und Christine vorführen.
Üben Sie zunächst den Bewegungsablauf des Schienbeintritts – immer und immer wieder...

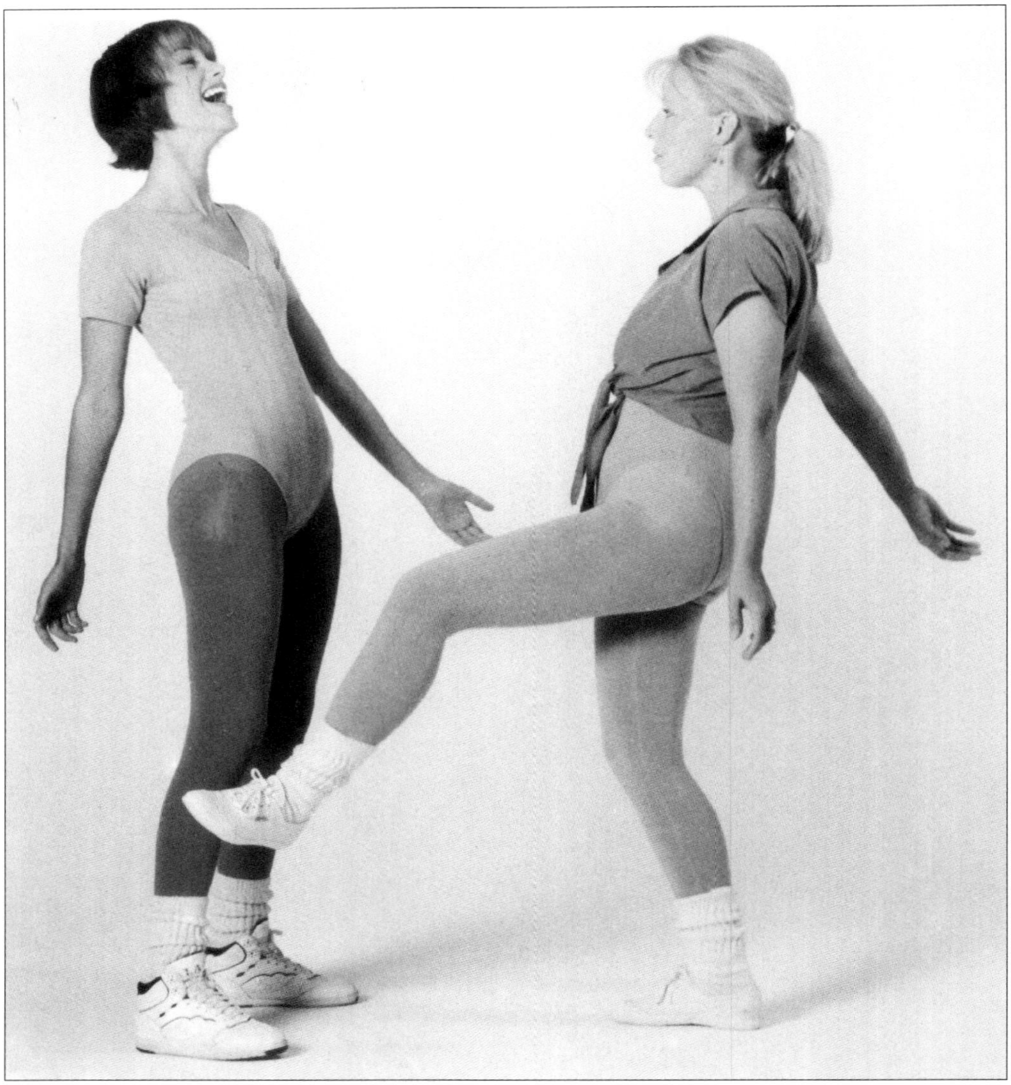

Dann prägen Sie sich die Stellen ein, an denen Fuß und Schienbein in der richtigen Weise aufeinandertreffen sollen. Erst danach wird am Sandsack oder an einem anderen, gut abgepolsterten Objekt die Härte des Tritts eingeübt, so lange, bis Sie selbst feststellen: Besser geht's nicht mehr; diesen optimalen Tritt merke ich mir.

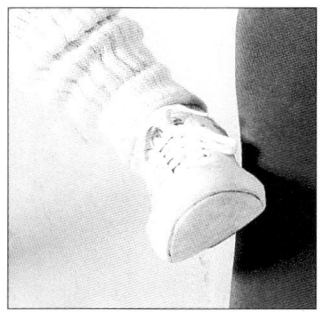

Fußstellung
Der Fuß ist geflext, die Zehen zeigen nach oben. Das Gelenk ist fest angespannt, Trefferfläche ist die Innenseite des Spanns.

Ausgangsposition
Sie stehen sich gegenüber. Mit leicht gegrätschten Beinen ist die Position am stabilsten. Die Ausführende bringt jetzt aus dem Stand und aus der Hüfte heraus das Bein mit angewinkeltem Knie nach vorn und probiert, die Mitte des Schienbeins der »Gegnerin« zu treffen. Nicht seitlich abrutschen, nicht zu hoch, nicht zu tief treffen!

ZEHN SCHRITTE ZUM SELBSTEINÜBEN

ACHTUNG: Am ungeschützten Bein den Tritt immer nur leicht andeuten! Eventuell einmal nach Absprache mit Ihrer Partnerin den Tritt mit etwas mehr Schwung ausprobieren, damit Sie sich gegenseitig überzeugen, wie schnell die Schmerzgrenze erreicht ist!

Der richtige Ansatz
Möglicherweise muß der Schienbeintritt im Notfall auch ausführbar sein, wenn Sie mit dem Rücken zur Wand stehen. Also ist Ausholen nicht drin. Aus der Hüfte wird das Bein etwas nach außen gedreht und in Richtung Schienbein geführt, als wollten Sie heftig gegen einen Ball treten. Die Kraft kommt aus der Hüfte. Der Tritt muß die Tendenz haben »durchzugehen«.

Abwechselnd üben
Christine beherrscht den Tritt, jetzt beginnt Sara zu üben. Die Treffstelle ist richtig, die Fußhaltung noch nicht: Sara muß den Fuß stärker flexen, stabilisieren und mehr aus der Hüfte heraus treten. Das heißt üben, üben, üben!

MODEL MUGGING

2. SCHRITT: DER TRITT NACH HINTEN

Wieder geht es darum, die richtige Stelle zu treffen und mit voller Kraft zuzutreten. Christine orientiert sich durch den Blick nach rückwärts, daß sie Saras Bein genau vorn in der Mitte des Schienbeins und mit der vollen Fußfläche trifft.

Fußhaltung
Der Fuß ist auch hier geflext und stabilisiert. Der Tritt geht direkt nach rückwärts, dann trifft automatisch die Außenseite der Fußsohle auf das Schienbein. Mehrere Male muß abwechselnd geübt werden, daß der Fuß nicht seitlich vom Bein abrutscht. Die Schmerzstelle ist die Vorderseite des Schienbeins. Dahin gilt es den Druck aufzubauen.

Schwung holen
Beim Tritt nach hinten geht es nicht ohne Ausholen. Das Knie wird hochgezogen, dann kommt aus der Hüfte heraus der Schwung nach hinten.

ACHTUNG: Wenn der Fuß nicht richtig stabilisiert ist, besteht Verletzungsgefahr!

ZEHN SCHRITTE ZUM SELBSTEINÜBEN

HÄRTE EINTRAINIEREN

Christine stützt den Sandsack ab und feuert Sara an. Der Tritt muß gnadenlos hart sein und wirklich in der Absicht ausgeführt werden, durch den Sandsack zu gehen. Sara wird mindestens 20- bis 30mal zutreten, bis sie das Gefühl hat: Jetzt hab' ich mein Optimum erreicht. Den Tritt wird keiner so einfach wegstecken. Ihr Unterbewußtsein speichert genau diese Durchschlagskraft ab. Damit steht fest: Sie wird nie wieder schwächlich zutreten.

Beim mehrfachen Üben ist leicht festzustellen, welche Power hinter so einem Tritt stecken kann. Der Fuß schmerzt, am nächsten Tag spürt man Muskelkater. Die angespannte Fußhaltung ist dennoch unbedingt notwendig. Hinter dem Tritt muß die volle Konzentration des gesamten Körpers stecken. Ausgelöst wird sie durch den Impuls zum Zutreten, der wiederum die Reaktion auf den bevorstehenden Angriff ist.

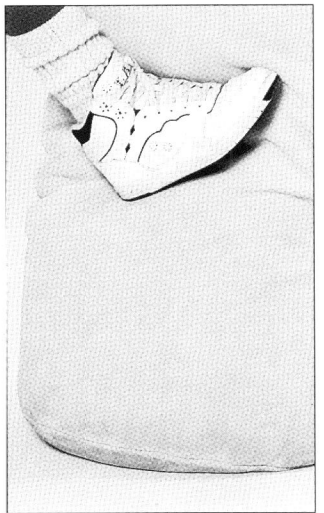

WICHTIG: Während des Übens kann ein gemeinsam verabredetes Kommando die Konzentration erleichtern. »Jetzt!« oder »Los!«, oder auch ein Antippen. Reflexartig erfolgt dann der Tritt.

3. SCHRITT: DER KNIESTOSS

Da die männlichen Geschlechtsteile bekanntlich äußerst wertvoll und schmerzempfindlich sind, ist diese Schwachstelle zwecks Selbstverteidigung bestens geeignet. Hinzu kommt, daß kaum ein Angreifer bei einer Frau mit dem spontanen »Tritt in die Eier« rechnet.

ACHTUNG: Sie sollten beim ungeschützten Trainieren nicht vergessen, daß irgendwann der Reiz-Reaktions-Reflex wirksam wird. Deswegen nie unkonzentriert mit den Abwehrtechniken »rumspielen«! Immer verantwortungsvoll damit umgehen, in dem Bewußtsein, daß die Übungspartnerin schwere Schäden und Verletzungen durch einen versehentlich »echten« Tritt erleiden würde!

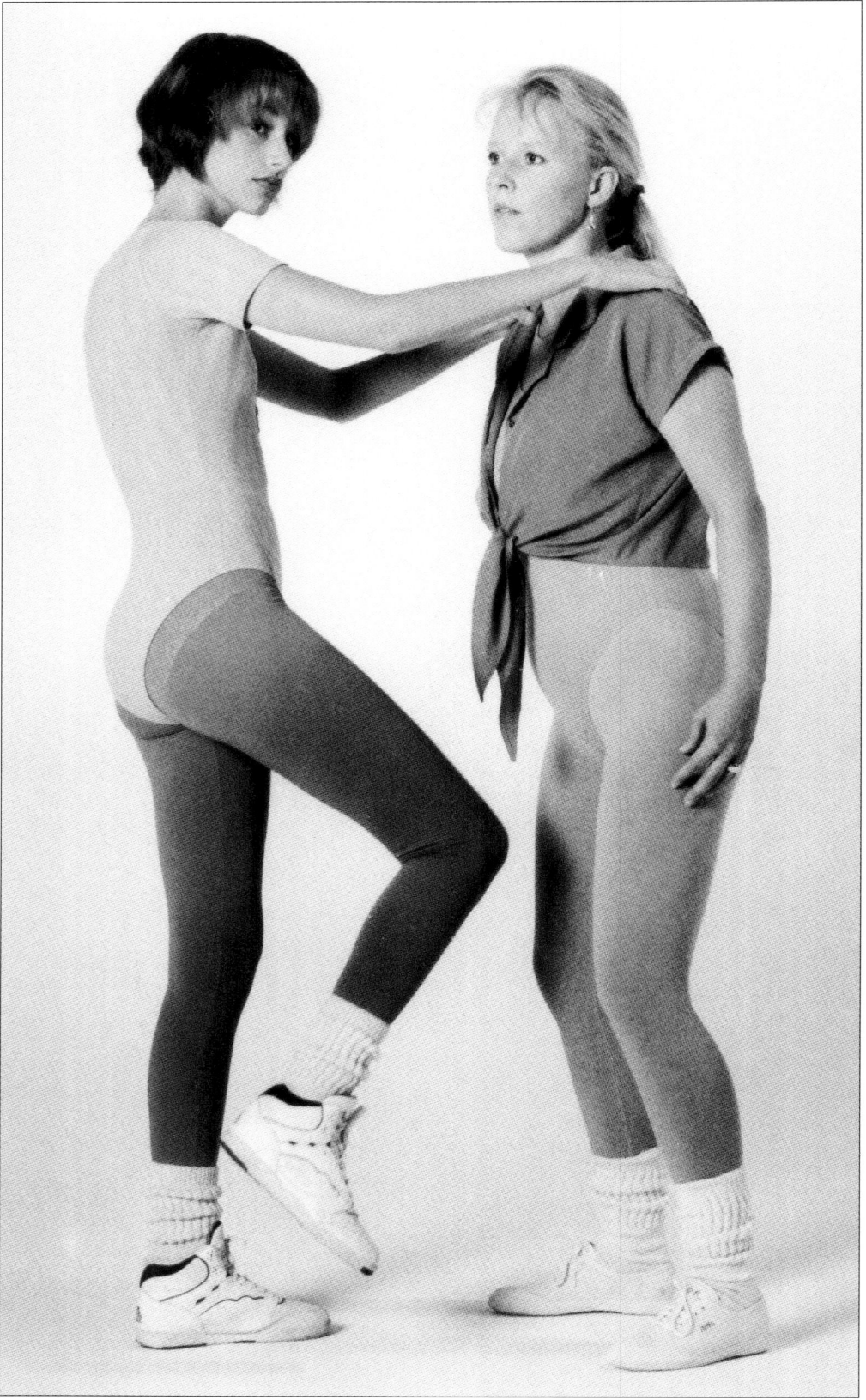

ZEHN SCHRITTE ZUM SELBSTEINÜBEN

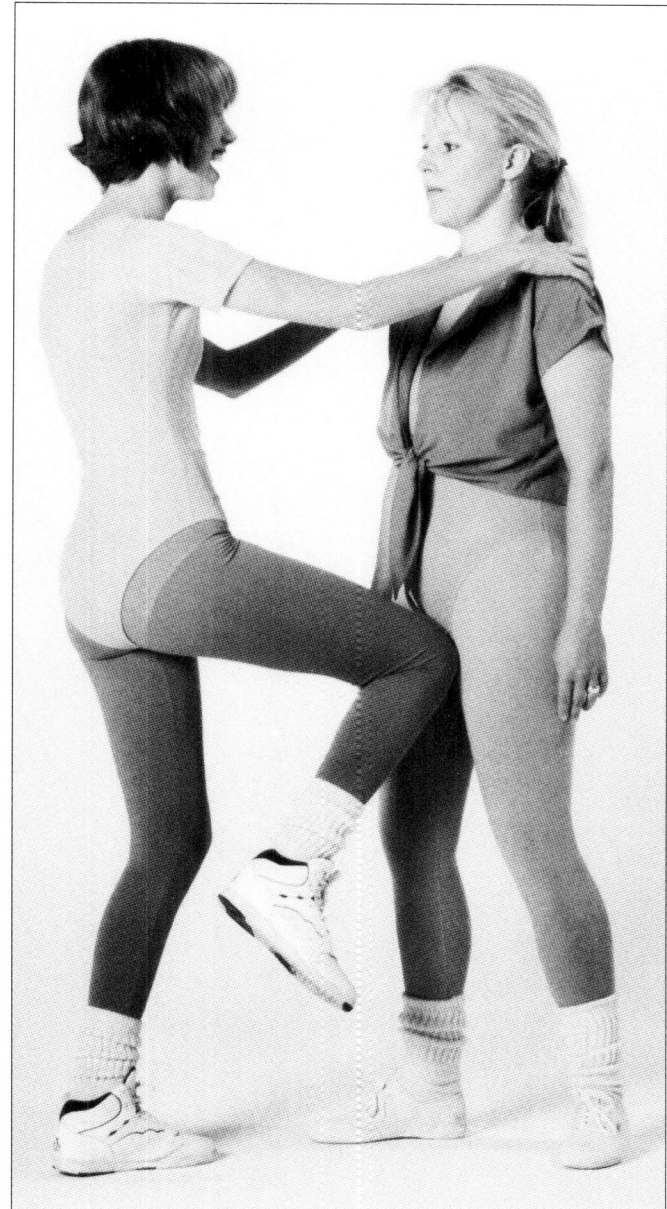

Christine hat zum Üben eine konzentrierte Haltung eingenommen, als wäre sie kurz vor dem tätlichen Angriff. Sara kommt ihr zuvor, zieht sie an den Schultern etwas zu sich heran.
Sara zeigt den Ansatz zum Kniestoß: Der Fuß ist vom Boden abgehoben, das Knie aus der Hüfte nach vorn geführt und angewinkelt.

Sara reißt das Knie hoch und versucht, auf die richtige Stelle zu zielen.

Beim Üben mit der Partnerin dürfen Sie den Kniestoß zwischen die Beine immer nur vorsichtig andeuten, denn nicht nur Männer haben hier ihre empfindlichen Stellen.

WICHTIG: Überprüfen Sie durch genaues Hinschauen, ob Sie die richtige Stelle von unten her treffen. Das kann auch gegen die in Schritthöhe weit vor den Körper gehaltene Hand der Partnerin geübt werden. Ruhig auch mit etwas Druck!

MODEL MUGGING

HÄRTE EINTRAINIEREN!

Die richtige Kraft und Härte, die beim Kniestoß eingesetzt werden muß, ist geduldige Übungssache. Es gibt kein: Dazu bin ich zu schwach, das kann ich nicht. Wer an zwei, drei Tagen jeweils zwanzig bis dreißig Kniestöße übt – wie hier gegen einen Sandsack, gegen eine dicke, an die Wand gelehnte Matratze oder auch eine hochgestellte, gut abgestützte Gymnastikbank –, wird am Ende wissen, wie stark dieser Kniestoß sein kann. Zunächst werden Sie glauben, die Stöße täten Ihnen selbst mehr weh, als Sie damit ausrichten könnten. Aber genau daran spüren Sie die Power, die dahintersteckt.

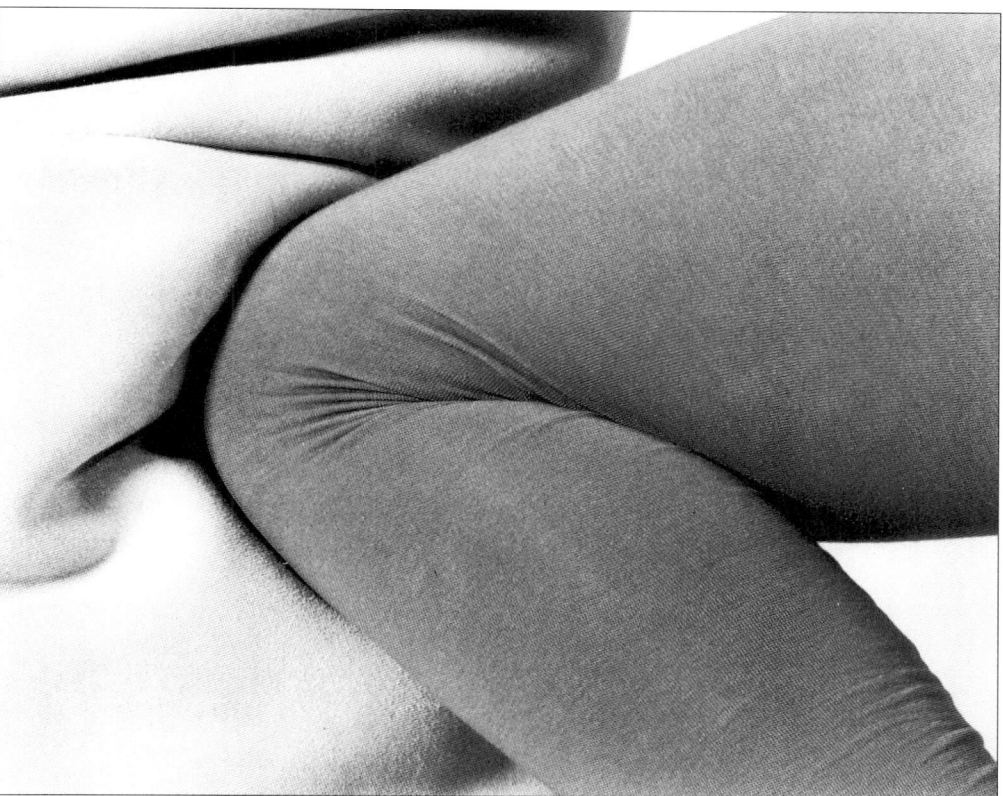

Nach längerem Üben ist die Steigerung zu spüren, die stärkere Beschleunigung der Bewegung und die Härte, die sich aufbaut. Die tiefe Delle im Sandsack beweist es! Das ist das »Reingehen« zu dem Schmerzpunkt, an dem der Druck spürbar werden soll.

Unterschiedliche Körpergrößen und damit Schritthöhen erfordern veränderte Beinbewegung und -stellung. Ob aber der Oberschenkel schräg oder waagrecht zur Hüfte steht, ist unerheblich.

WICHTIG: Den Punkt, auf den Sie abzielen, nicht an der Oberfläche ansetzen, sondern tief im Innern des Sandsacks – und ebenso des Körpers!

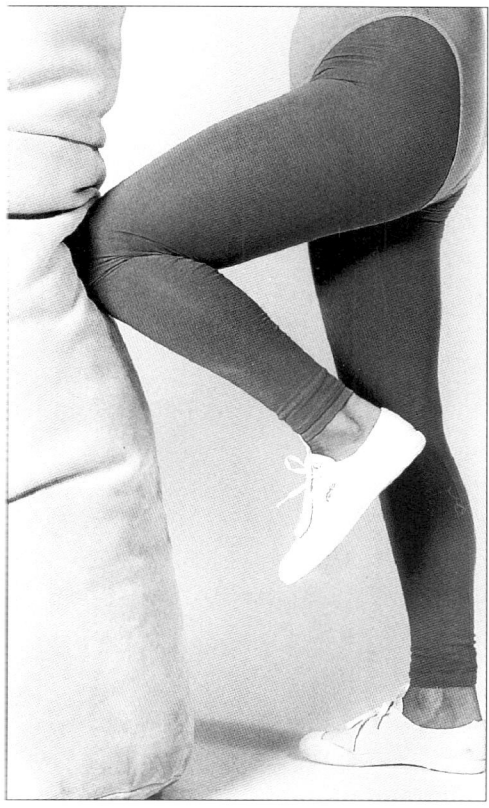
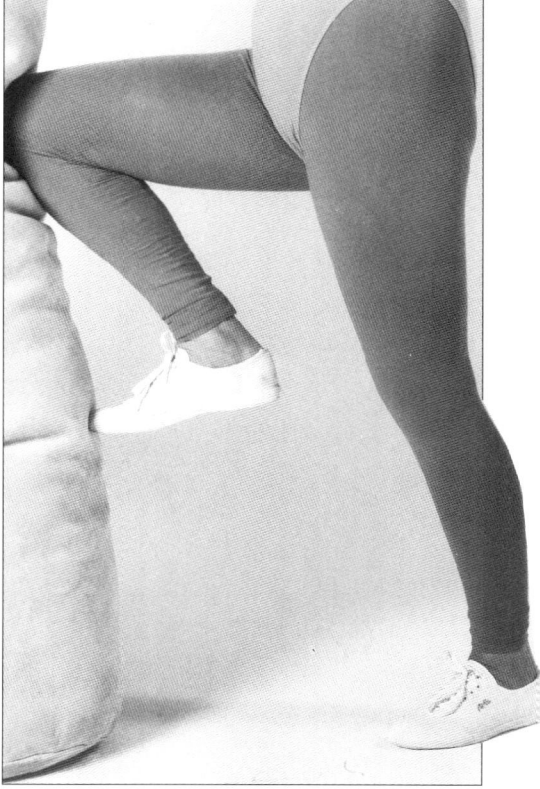

MODEL MUGGING

4. SCHRITT: DER OHRENSCHLAG

Auch beim Ohrenschlag wird zunächst das Finden und Treffen ausprobiert. Die kleinere Christine hat keine Probleme, Saras Ohren auf Anhieb zu finden.

Härte des Schlags

Der richtige Druck des Ohrenschlags kann nur an einem gut gepolsterten Objekt eingeübt werden. Auch wenn ein in Kopfhöhe aufgestelltes dickes Polster oder ein sehr festes, mit einem Tuch umwickeltes Kissen – wie auch der Sandsack – nicht ganz der Kopfgröße entspricht, ist daran die Härte des Schlags ohne weiteres trainierbar. Üben Sie wieder viele Male und an mehreren Tagen hintereinander. Sie selbst werden merken, wenn es richtig dumpf knallt und die Arme schmerzen: Der Kopf, den Sie derart treffen, wird schwer erschüttert sein. Ganz abgesehen von den Folgen für die Ohren, die beim beidhändigen Schlagen durch die sich aufbauende Drucksäule entstehen.

1 Für den Schlag mit einer Hand holt Christine ruckartig aus – und muß dann bewußt abbremsen.

2 Beim Üben des Ohrenschlags mit beiden Händen werden die Arme ansatzlos aus der lockeren Haltung neben dem Körper bis zur Höhe der Ohren hochgerissen, aber nicht geschlagen, sondern langsam auf die Ohren gelegt. So können Sie sich einprägen, wie sich der Kopf zwischen den Händen anfühlt.

3 Auch die große Sara findet Christines Ohren sofort. Stabiles Stehen ist für die ruckartige Bewegung des Hochreißens der Arme sehr wichtig.

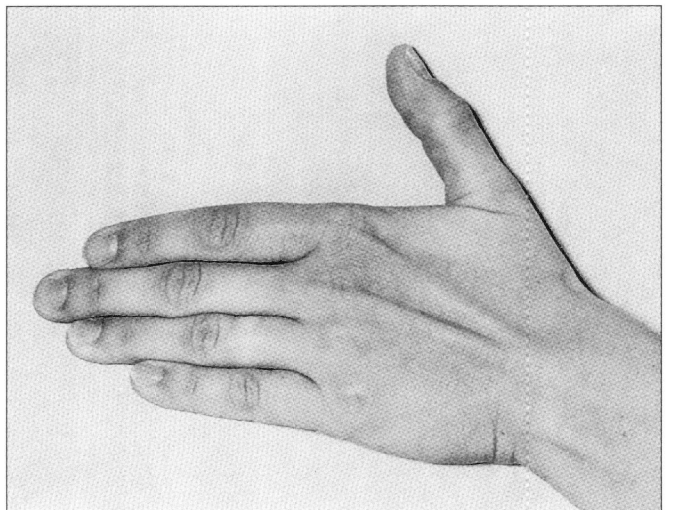

Damit es beim Üben nicht zu sehr weh tut, empfiehlt sich folgende Handhaltung: Angespanntes, nicht abgeknicktes Handgelenk, und die Hand ist ausgestreckt. Die Finger sind locker, nicht verkrampft, der Daumen kann abgespreizt sein. Damit können Sie Druck machen!

ZEHN SCHRITTE ZUM SELBSTEINÜBEN

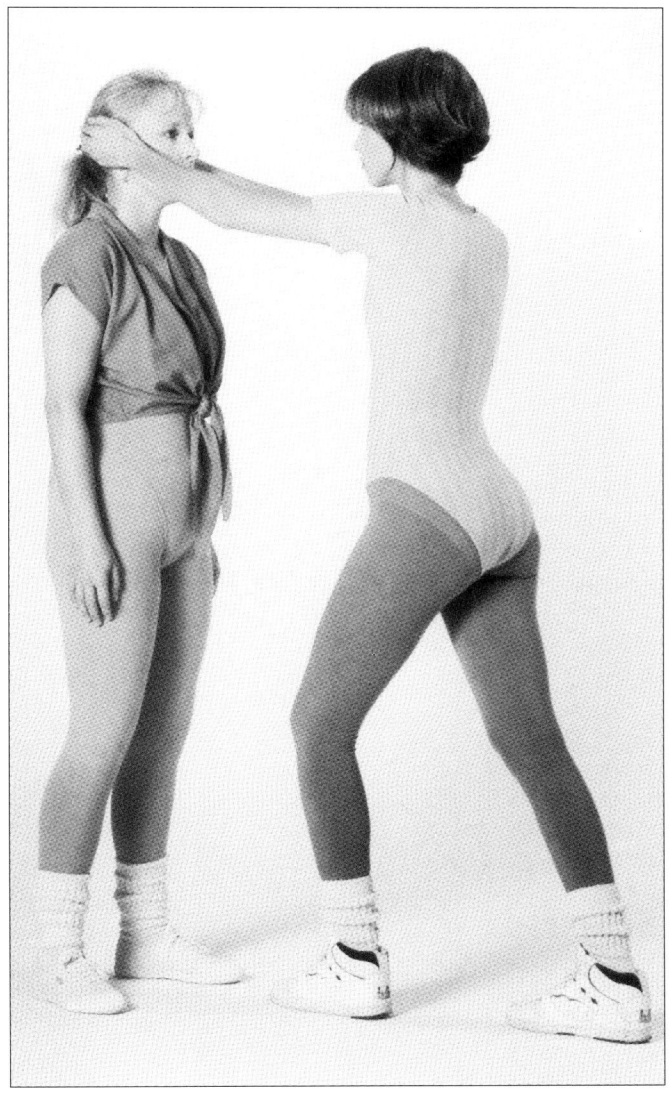

WICHTIG: Immer möglichst ansatzlos, also überraschend zuschlagen! Sie treffen sicher, denn auch bei dieser Abwehrtechnik werden die Einzelheiten für immer abgespeichert sein, wenn Sie sich den optimalen Schlag ganz bewußt merken.

5. SCHRITT: DER SCHLAG GEGEN DIE AUGEN

Vorab: Die Motivation muß klar sein: die Einsicht, daß jedes Mittel recht ist, wenn das eigene Leben, die eigene Unversehrtheit auf dem Spiel stehen. Die Scheu, ja die Angst davor, einem Menschen – auch wenn es ein verabscheuungswürdiger Gewalttäter ist – lebensbedrohliche Verletzungen zuzufügen, muß ein für allemal überwunden werden.

Warum gerade die Augen?, werden sich viele fragen. Eben deshalb! Eben, weil sie so wichtig sind, der größte Schatz, der verletzlichste Punkt. Weil Sie in bestimmten Situationen vor der tödlichen Alternative stehen: Ich oder er?

Falls Sie noch nicht bereit sind, die Frage der Augen positiv zu beantworten, sollten Sie zurückblättern und versuchen, sich Ihren Selbsterhaltungs- und Selbstbehauptungsanspruch noch einmal eindeutig zu bestätigen. Erst wenn Sie bereit sind, mit offenen Augen und Ohren dieser Abwehrtechnik zu begegnen, kann es wirklich losgehen mit dem praktischen Üben.

Die Handhaltung

Zunächst stoßen die Fingerspitzen auf den Widerstand des Augapfels, »pieken« kräftig auf weiche Masse. Handgelenk und Handwurzel sind angespannt, die Finger dürfen nicht wegknicken, der Daumen stabilisiert den Griff. Dann – sozusagen als Fortsetzung des Hiebs – werden die Finger tiefer reingekrallt, der Druck aus dem Handgelenk gesteigert – und gehalten.

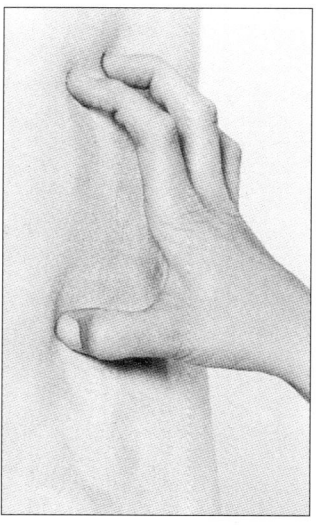

WICHTIG: Die Bewegung muß immer wieder ausprobiert werden. Das geht einfach so in die Luft oder auch vorsichtig unterhalb des Auges am Backenknochen.

ZEHN SCHRITTE ZUM SELBSTEINÜBEN

Technik

Der Arm wird gehoben, dann schnellt der Unterarm nach vorn, und aus der Schulter kommt der Druck. Vom Ansatz her muß die Absicht bestehen, etwas einzudrücken, in etwas einzudringen.
Am Sandsack oder an einer Matratze kann der Hieb immer wieder ausprobiert werden. Stärke und Schnelligkeit der Armbewegung sind genauso wichtig wie das Treffen der Augen. Beides muß in Ruhe geübt und immer wieder »registriert« werden: Wie stark war der Druck, wie fühlte sich die Hand dabei an?

ACHTUNG: Mit beiden Händen üben! Es ist wichtig, daß Sie links und rechts zuschlagen können. Und auch mit beiden Händen zugleich!

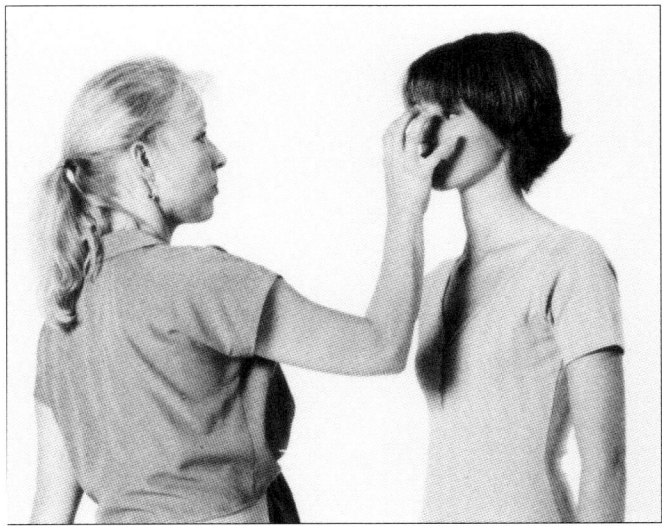

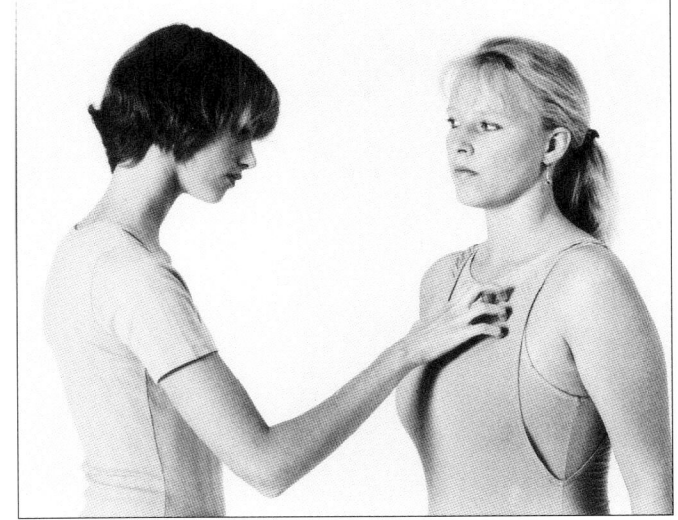

Finden der Augen

Christine führt die Hand an Saras Augen und legt vorsichtig die Finger auf die Lider, um die richtige Stelle zu ertasten. Das sollte mit beiden Händen probiert werden.

Noch fällt es nicht schwer, auch bei einem schnelleren Versuch, kurz vor den Augen abzubremsen. Sitzt der Griff jedoch richtig, und haben sich Technik und Stärke genau eingeprägt, spult bei einem entsprechenden Auslöser – nämlich »höchste Gefahr« – die Automatik ab. Der Schlag wird nie mehr schwach und zögernd sein, sondern ein wahrer Prankenhieb.

Mit voller Härte

Um zu ermessen, wie schmerzhaft schon ein mittlerer Schlag an einer nicht besonders empfindlichen Körperstelle wirkt, sollten Sie den Augenschlag gegenseitig mit langsamer Drucksteigerung an der oberen Brustpartie ausprobieren.

Auch die richtige Ausführung ist dabei leicht zu überprüfen. Wenn Sie merken, daß Sie nach einer Weile blaue Flecken bekommen, können Sie sich vielleicht vorstellen, was Sie damit am Auge ausrichten. Sie wissen, schon ein Finger, der bei einer flüchtigen falschen Bewegung ins Auge sticht, bewirkt, daß Sie schmerzhaft die Augen zusammenkneifen. Wieviel schlimmer ist dann solch ein gezielter Hieb!

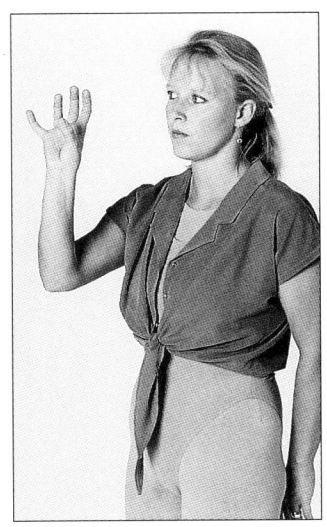
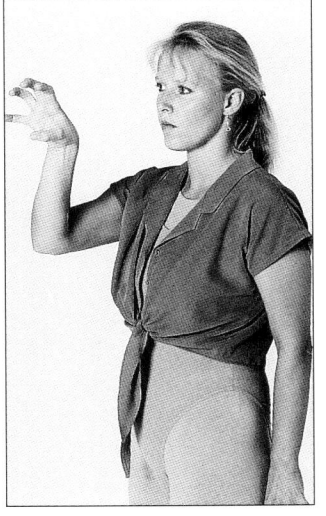

6. SCHRITT: ABWEHR AM BODEN

Was hier aussieht wie spielerisches Raufen und Rangeln, ist in Wirklichkeit hartes Trainieren, um aus einer ziemlich ausweglosen Situation wieder auf die Beine zu kommen. Sara hat sich vorgenommen, sich nicht einfach abwerfen zu lassen. Deshalb macht Christine gar nicht erst den Versuch, sie auszuhebeln und an den Kleidern runterzuzerren. Sie greift gleich voll in die Haare. Was Sie hier üben müssen, ist das Runterkriegen zu einer Seite.

Grundsätzlich wird dabei mit einer Hand gezogen, während die andere in die gleiche Richtung drückt. Wenn jemand auf einem draufliegt, passiert gar nichts, denn auch er kann nicht viel unternehmen. Will er mit den Händen an Ihren Körper, muß er sich etwas aufrichten. In diesem Moment wird die Abwurftechnik eingesetzt.

Machen Sie genau nach, was hier abläuft. Christine stemmt Sara mit ihrem gestreckten rechten Arm hoch und gleichzeitig nach links. Mit der linken Hand packt sie Saras Schopf und reißt sie weiter nach links. Durch das Aufstellen des rechten Beins, das Anheben und Drehen der Hüfte wird der Abwurf unterstützt. Gleich landet Sara mit Schwung auf der Matte.

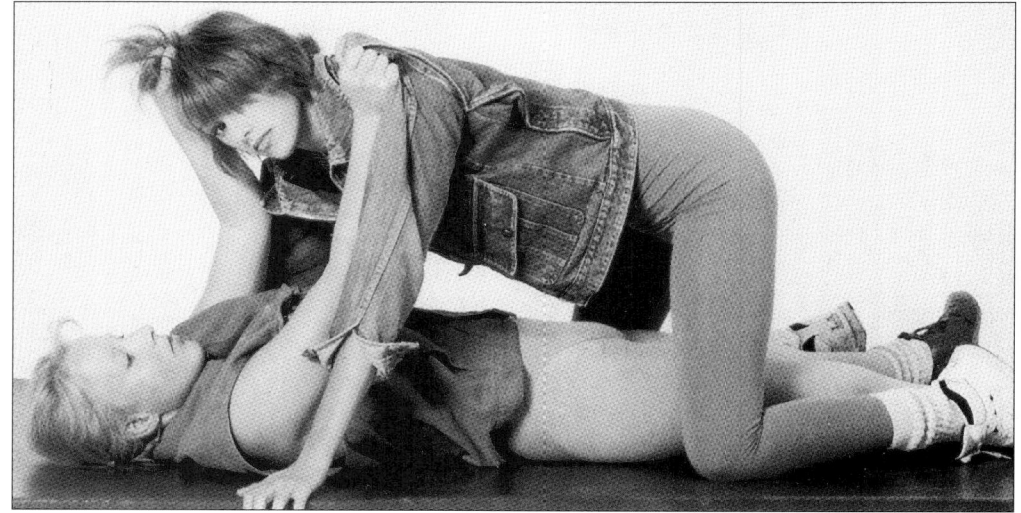

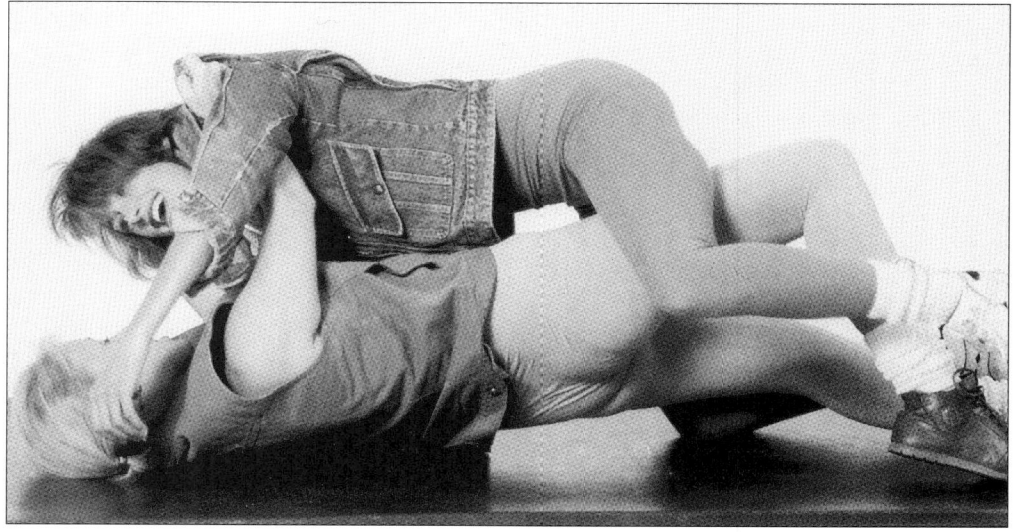

ZEHN SCHRITTE ZUM SELBSTEINÜBEN

7. SCHRITT: ANSATZ ZUM ABWURF

Zunächst ohne großen Widerstand der Obenliegenden die Griffe üben. Dann auch mal in die Haare greifen, nicht nur ein bißchen zupfen, sondern richtig ziehen, so daß der Kopf mitgeht, bevor es zu sehr schmerzt.

Präzise eingeübt werden muß das Hochstemmen mit der einen Hand. Das Runterziehen zur anderen Seite – entweder an der Kleidung, wobei der Arm gebeugt wird, oder an den Haaren. Um den ganzen Körper seitlich runterzukriegen, müssen immer Bein und Hüfte eingesetzt werden.

Das Aufstellen des Beins, Heben der Hüfte und seitliches Drehen mit Druck gegen den Körper der Angreiferin zunächst langsam einüben, dann auf Wirksamkeit prüfen. Jetzt sollte die Obenliegende sich schwer machen und Widerstand leisten. Nur so kann ausprobiert werden, ob im Notfall der schnelle, reibungslose Abwurf gelingt.

ACHTUNG: Bei diesen Übungen sollte immer eine gute Unterlage benutzt werden – Gymnastik- oder Isomatte oder auch eine große Schaumgummimatratze. Der bloße Fußboden ist zu hart. Es muß ja nicht mehr als nötig weh tun.

8. SCHRITT: DIE DREHUNG

Hier ist der Abwurf einmal zur anderen Seite geübt worden, und das sollten Sie unbedingt auch probieren, um auf alle Situationen vorbereitet zu sein.

So läßt sich auch leichter vorführen, wie Christine sich nach dem Abwurf darauf vorbereitet, den endgültigen Befreiungsschlag zu tun. Sie stützt die Ellbogen am Boden ab und robbt aus der Parallellage zu Sara in eine rechtwinklige Position. Das ist nötig, um beim Fußschlag ganz sicher den Kopf zu treffen.

Das gleichzeitige Abrücken, Beinheben und Drehen auf dem Steiß muß ganz genau trainiert werden, damit Sie im Notfall ohne Hast in die richtige Position gelangen. Auch hier sind die Konzentration auf das Ziel und die Sicherheit der Bewegung von entscheidender Bedeutung.

Konfuses Gezappel bringt wenig. Also müssen Sie so lange üben, bis der Abwurf, die Drehung und die Ausrichtung des Beins zum Kopf hin fehlerlos sitzen.

ACHTUNG: Besonders vorsichtig sein, wenn Sie mit dem Fuß ausprobieren, ob Sie den Kopf treffen! Die Verletzungsgefahr ist groß, selbst wenn Sie keine Schuhe tragen.

ZEHN SCHRITTE ZUM SELBSTEINÜBEN

9. SCHRITT: LETZTE RETTUNG

Wenn Sie spüren, daß ein Gewalttäter mit großer Brutalität angreift, oder wenn Sie einfach wissen, daß nichts anderes nutzt, dann sollten Sie gleich mit dem Griff in die Augen beginnen.

Sowie er sich auf Sie geworfen hat und Sie einen Arm frei bewegen können, krallen Sie sich in die Augen, drücken die Finger hinein und reißen ihn dann in der geübten Weise herunter. In diesem Fall werden Sie den Fußschlag kaum mehr brauchen. Der Angreifer wird mit seinen Augen beschäftigt sein!

MODEL MUGGING

10. SCHRITT: BEFREIUNGS-SCHLAG

Weil beim Abwurftraining mit der Partnerin der Fußschlag nur ganz vorsichtig angedeutet werden kann, muß die richtige Härte unbedingt extra geübt werden. Am Sandsack, aber auch an einer zusammengerollten Matratze oder an einem dicken Schaumgummipolster läßt sich bestens trainieren.

Christine demonstriert zunächst die Körperhaltung mit den aufgestützten Ellbogen. Durch Auflegen der Füße auf den Sandsack findet sie die richtige Entfernung, denn es wäre fatal, wenn sie den Fußschlag mit voller Kraft auf den Boden landen würde.

Das Bein wird sehr weit zum Kopf hin hochgehoben und fest angespannt. Der Fuß darf nicht gestreckt sein, das Fußgelenk wird durch das Anziehen der Zehenspitzen stabilisiert.

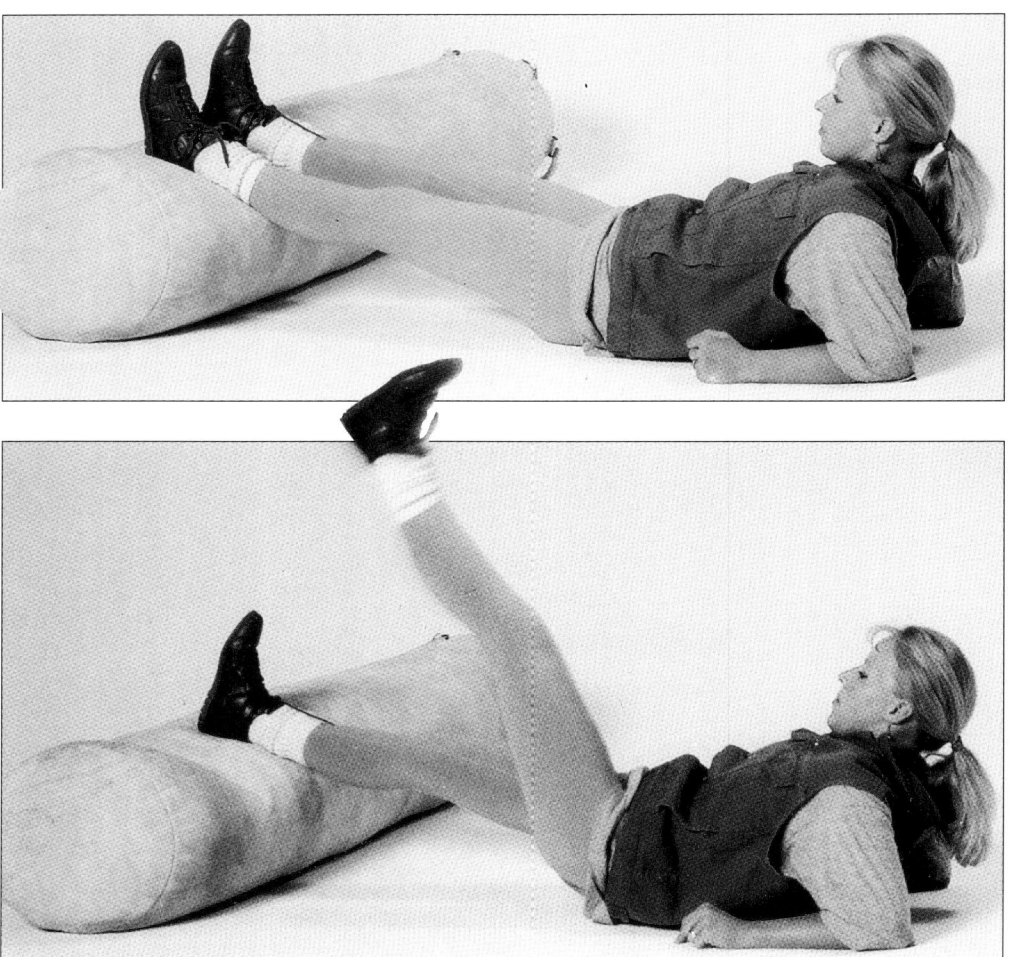

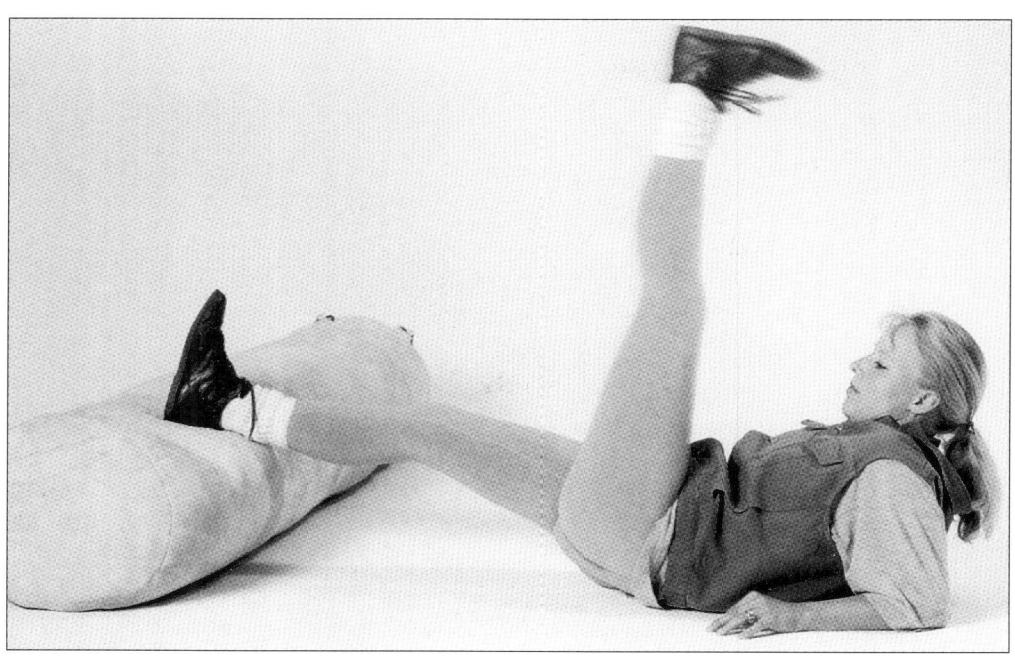

ZEHN SCHRITTE ZUM SELBSTEINÜBEN

Das Bein saust nach unten, aber nicht nur einfach der Schwerkraft folgend, sondern mit massivem Druck.

Da Christine den Kopf hochgehoben hat, kann sie überprüfen, wo und wie gut der Schlag trifft, und im Zweifelsfall gleich zum nächsten Schlag ansetzen. Auch hier soll wieder die Absicht dahinterstecken, »durchzuschlagen«, das heißt unabgebremst hineinzudreschen in den Sandsack. Erst wenn es richtig knallt und der Fuß wirklich tief drin ist, sollten Sie mit sich zufrieden sein.

Noch einmal den ganzen Abwurf in Gedanken durchspielen und den Schlag mit voller Power durchziehen. Das ist dann der richtige Ablauf und genau die Härte, die sich in Ihr Unterbewußtsein einprägt. Zugleich werden Sie jetzt das sichere Gefühl haben, daß Sie nicht mehr hilflos sind, und dies auch nach außen vermitteln. Ihre Selbstsicherheit wird die Angst verdrängt haben. Sie beherrschen mit absoluter Sicherheit die geübten Verteidigungstechniken, und Sie wissen, daß Sie in der Lage sind, sie anzuwenden.

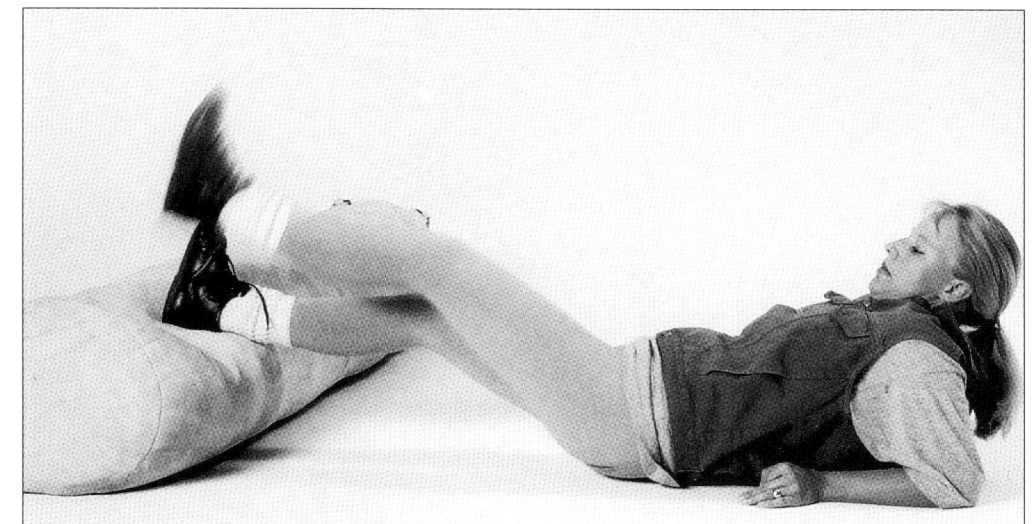

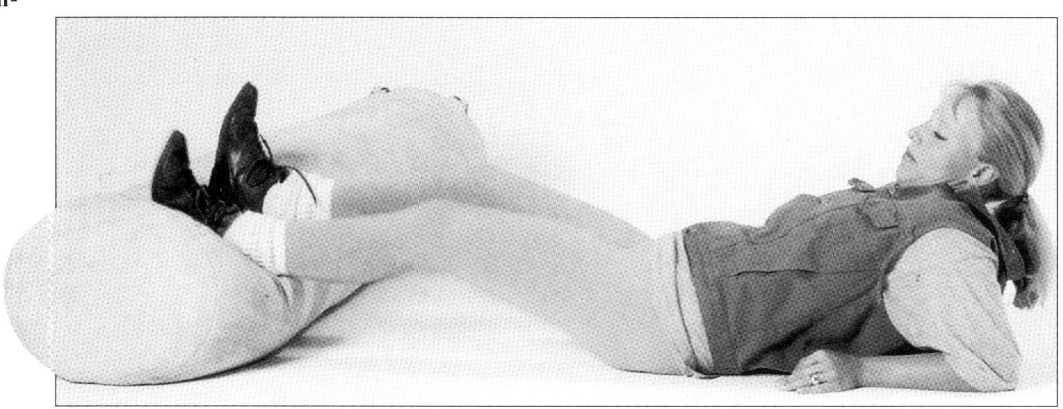

121

MODEL MUGGING

122

ZEHN SCHRITTE ZUM SELBSTEINÜBEN

Dennoch ist es beruhigend, nach etwa vier Wochen zusammen mit der Partnerin zu überprüfen, ob die Selbstbehauptung wirklich gelingt, ob das Unterbewußtsein tatsächlich alles gespeichert hat.

Holen Sie den Sandsack wieder hervor, überprüfen Sie die Härte Ihrer Schläge. Aber Sie müssen sehr vorsichtig und konzentriert vorgehen, wenn Sie Einzelheiten an der Partnerin ausprobieren. Ihre Reaktionen sind auf Erfolg gepolt, vor allem, was Druck, Schnelligkeit und Bereitschaft zum Zuschlagen betrifft.

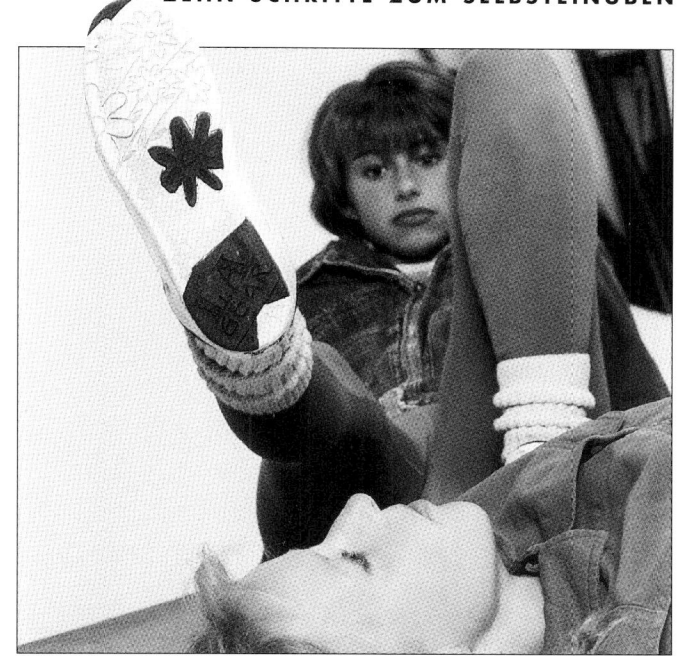

ACHTUNG: Verletzen Sie sich nicht dabei! Bei einer notwendigen Selbstverteidigung gegenüber einem Angreifer kann zwar auch nicht ausgeschlossen werden, daß Sie sich weh tun, aber Sie werden aus dem Kampf als Siegerin hervorgehen. Und was das wirklich Überzeugende am Model Mugging ist: Ihr Selbstbewußtsein ist danach so gestärkt, daß Sie nicht mehr so leicht als Opfer angesehen werden, daß Sie tatsächlich signalisieren: Finger weg! Ich bin bereit, mich zu wehren. Und du wirst den kürzeren ziehen.

123

ACHTUNG

Schienbeintritte und Kniestöße müssen nicht nur wegen der richtigen Treffstelle präzise eingeübt werden. Das Finden der richtigen Stellen kann am Körper der Übungspartnerin vorsichtig angedeutet und ausprobiert werden.

Fürs Einüben der Härte – hier am Sandsack demonstriert – wird auf jeden Fall ein geeignetes, gut abgepolstertes Objekt benötigt. Selbstverständlich muß es nicht immer ein Sandsack dieser Größe sein, aber die Anschaffung eines kleineren wäre auf jeden Fall zu empfehlen.

Andere Möglichkeiten: ein festes, mindestens 20 bis 30 Zentimeter dickes Schaumstoffpolster oder eine stabile Matratze an eine Wand lehnen – am besten befestigen – und vorsichtig ausprobieren, wie weit die Schläge durchgehen. Polster mit Schlaufen können je nach Übungsschritt in verschiedener Höhe aufgehängt werden. Dazu eignen sich auch ein massiver Türrahmen, eine Sprossenwand oder ähnliches. Und dann heißt es: üben, üben, üben!

ZEHN SCHRITTE ZUM SELBSTEINÜBEN

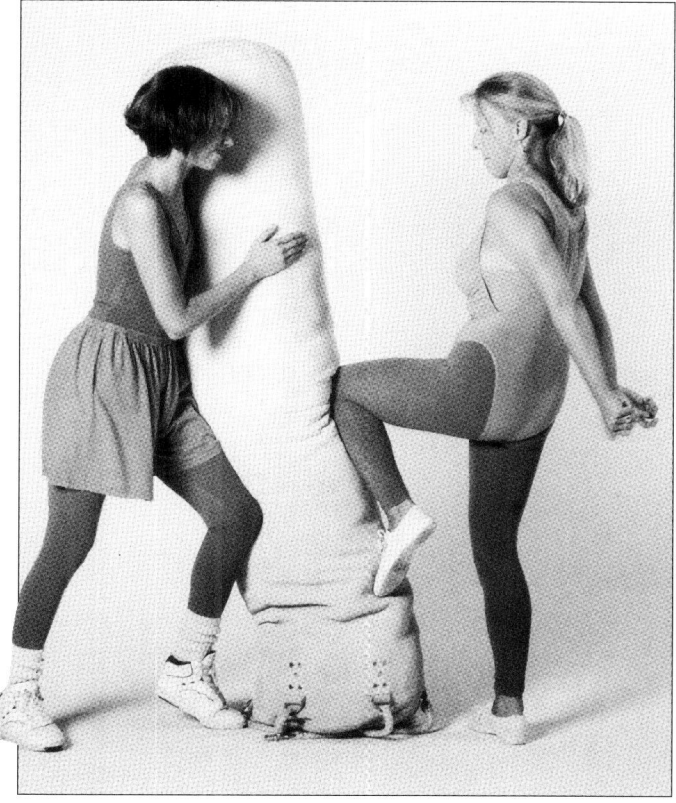

WICHTIG

Ohren- und Augenschlag müssen ebenfalls an gepolsterten Objekten geübt werden. Dazu können beispielsweise wiederum ein dickes Schaumgummipolster von mindestens 50 bis 60 Zentimeter oder eine fest gerollte Schaumgummimatte gleichen Durchmessers benutzt werden.

Wenn sie mit einem Strick an einen Schaukelhaken im Türrahmen oder an einen Deckenhaken gehängt werden, so daß etwa die Kopfhöhe erreicht wird, sind sie genauso brauchbar wie ein kleiner, aufgehängter Sandsack. Der Ohrenschlag kann daran optimal eingeübt werden. Die Stärke des Augengriffs ist auch am Brustmuskel der Partnerin trainierbar.

Aber Vorsicht: Wenn Sie schon auf Härte programmiert sind, kann es weh tun! Trotzdem: so lange üben, bis Sie selbst mit den Schlägen zufrieden sind.

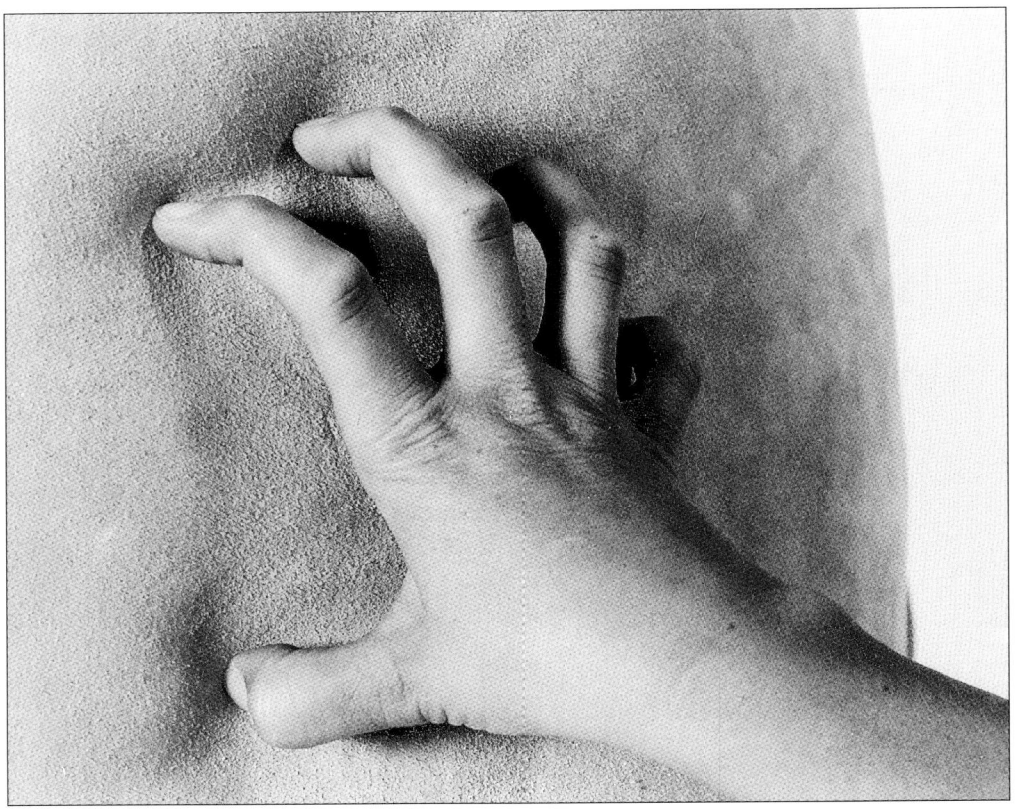

ZEHN SCHRITTE ZUM SELBSTEINÜBEN

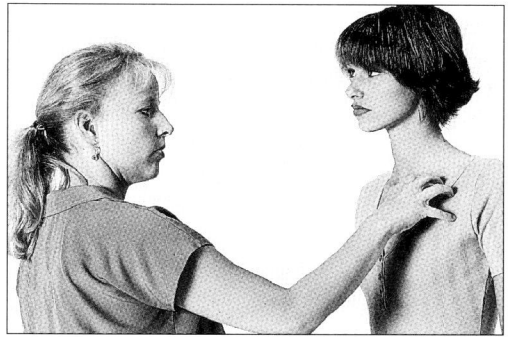

MODEL MUGGING

WAS GAR NICHT OFT GENUG WIEDERHOLT WERDEN KANN

Sie sollten beim ungeschützten Trainieren nicht vergessen, daß irgendwann der Reiz-Reaktions-Reflex wirksam wird. Deswegen nie unkonzentriert mit den Abwehrtechniken »rumspielen«! Immer verantwortungsvoll damit umgehen in dem Bewußtsein, daß die Übungspartnerin schwere Schäden und Verletzungen durch einen versehentlich »echten« Tritt davontragen könnte!

Der Ablauf des Abwurfs und das anschließende Abrücken müssen konsequent durchgeführt werden. Wenn der Griff in die Augen den Täter kampfunfähig gemacht hat, muß der Schlag gegen den Kopf nicht mehr kommen. Bestehen Zweifel, unbedingt weitermachen!

Immer möglichst ansatzlos, also überraschend zuschlagen! Sie treffen sicher, denn auch bei dieser Abwehrtechnik werden die Einzelheiten für immer abgespeichert sein, wenn Sie sich den optimalen Schlag ganz bewußt merken.

Zum Schluß noch einmal den ganzen Abwurf in Gedanken durchspielen und den Schlag mit voller Power durchziehen. Das ist dann der richtige Ablauf und genau die Härte, die sich in Ihr Unterbewußtsein einprägt. Zugleich werden Sie jetzt das sichere Gefühl haben, daß Sie nicht mehr hilflos sind, und dies auch nach außen vermitteln. Ihre Selbstsicherheit wird die Angst verdrängt haben. Sie beherrschen mit absoluter Sicherheit die geübten Verteidigungstechniken, und Sie wissen, daß Sie in der Lage sind, sie anzuwenden.

Wenn der Täter ganz offensichtlich Mordabsichten zeigt – eine Waffe, ein Messer, auch eine infizierte Spritze sind unmißverständlich –, ist der mit aller Härte und Entschlossenheit eingesetzte Hieb in die Augen von vornherein das Mittel der Wahl.

Abwurf und Befreiungsschlag müssen in einem Zug ablaufen. Aber nicht »irgendwie«, sondern konsequent nach dem eingeübten Muster der Abwehrtechniken, die gewisse Variationsmöglichkeiten – je nach Situation – offenlassen.

Nicht zimperlich sein! Genau wie der Kniestoß und der Ohrenschlag muß auch der Anschlag gegen die Augen mit voller Härte erfolgen. Druck und Technik müssen so lange eingeübt und probiert werden, bis sich das Gefühl der optimalen Fingerfertigkeit einstellt. Dieses Ergebnis prägt sich dann im Unterbewußtsein ein für allemall ein.

Verletzen Sie sich nicht beim Trainieren. Tritte und Schläge am Sandsack oder am Polster nur langsam in der Härte steigern, so daß Sie spüren, wenn es Ihnen weh tut. Bei einer notwendigen Selbstverteidigung gegenüber einem Angreifer kann zwar auch nicht ausgeschlossen werden, daß Sie sich weh tun, aber Sie werden aus dem Kampf als Siegerin hervorgehen. Und was das wirklich überzeugende am Model Mugging ist: Ihr Selbstbewußtsein ist danach so gestärkt, daß Sie nicht mehr so leicht als Opfer angesehen werden, daß Sie tatsächlich signalisieren: Finger weg! Ich bin bereit, mich zu wehren. Und du wirst den kürzeren ziehen.

ZEHN SCHRITTE ZUM SELBSTEINÜBEN

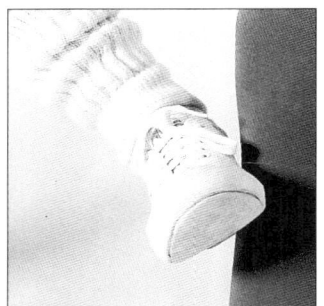

WAS JETZT NOCH ZU SAGEN WÄRE

9

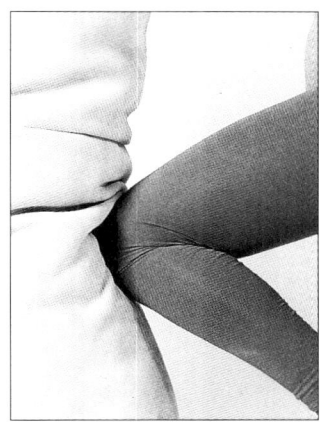

Ein Appell an Ihr Verantwortungsgefühl

Die Mitarbeiter an diesem Buch

Liste der Notrufstellen in Deutschland, der Schweiz und in Österreich

Adressen von Model-Mugging-Kursen in Deutschland

MODEL MUGGING

EIN APPELL AN IHR VERANTWORTUNGSGEFÜHL

Wenn Sie an dieser Stelle des Buches angelangt sind, haben Sie einige hochbrisante Dinge erfahren, vielleicht auch schon gelernt. Niemand weiß so gut wie ich, wie effektiv die Techniken des Model Mugging dazu geeignet sind, einen Aggressor auszuschalten. Sie werden schnell feststellen, daß der im Buch beschriebene Lernprozeß aus einer komplexen Einfachheit heraus auch bei Ihnen funktioniert. Das wird Ihr Vertrauen stärken, und Sie werden heiklen Situationen gelassener entgegentreten, wenn Sie das Gefühl haben, Sie können und Sie werden sich zur Wehr setzen.

Vergessen Sie dennoch eins nicht: Da das Model Mugging Sie dazu befähigen muß, einen Angreifer wirkungsvoll abzuwehren, haben Sie mit dem Erlernten eine gefährliche Waffe in die Hand bekommen. Sie sind in der Lage, einem anderen Menschen schwerste, ja lebensbedrohliche Verletzungen zuzufügen. Ich hoffe, daß Ihnen dieses Machtgefühl dazu verhilft, besonders verantwortlich mit dem Gelernten umzugehen. Das heißt, Ihre neue Gewaltbereitschaft sollte im Denkansatz und im Reflex immer nur eine defensive sein. Wenn Sie vorsätzlich angegriffen werden, wenn Ihnen brutal Gewalt angetan werden soll, dann haben Sie alles Recht, sich aus der Defensive heraus mit aller Kraft und Härte zu wehren und zurückzuschlagen.

Falls Sie aber je auf den Gedanken kommen sollten, damit physisch oder psychisch Druck auszuüben auf Schwächere oder um ein eigennütziges Ziel zu erreichen, begehen Sie Verrat an meiner Idee. Das Model Mugging ist als defensive Abwehrmethode gedacht. Es soll Hilflosigkeit, Ohnmachtsgefühl und Unterlegenheit stärkeren Gegnern gegenüber bekämpfen und zur Verteidigungsbereitschaft befähigen, jedoch keineswegs zur Vergrößerung des Gewaltpotentials beitragen. Gehen Sie also verantwortungsbewußt um mit

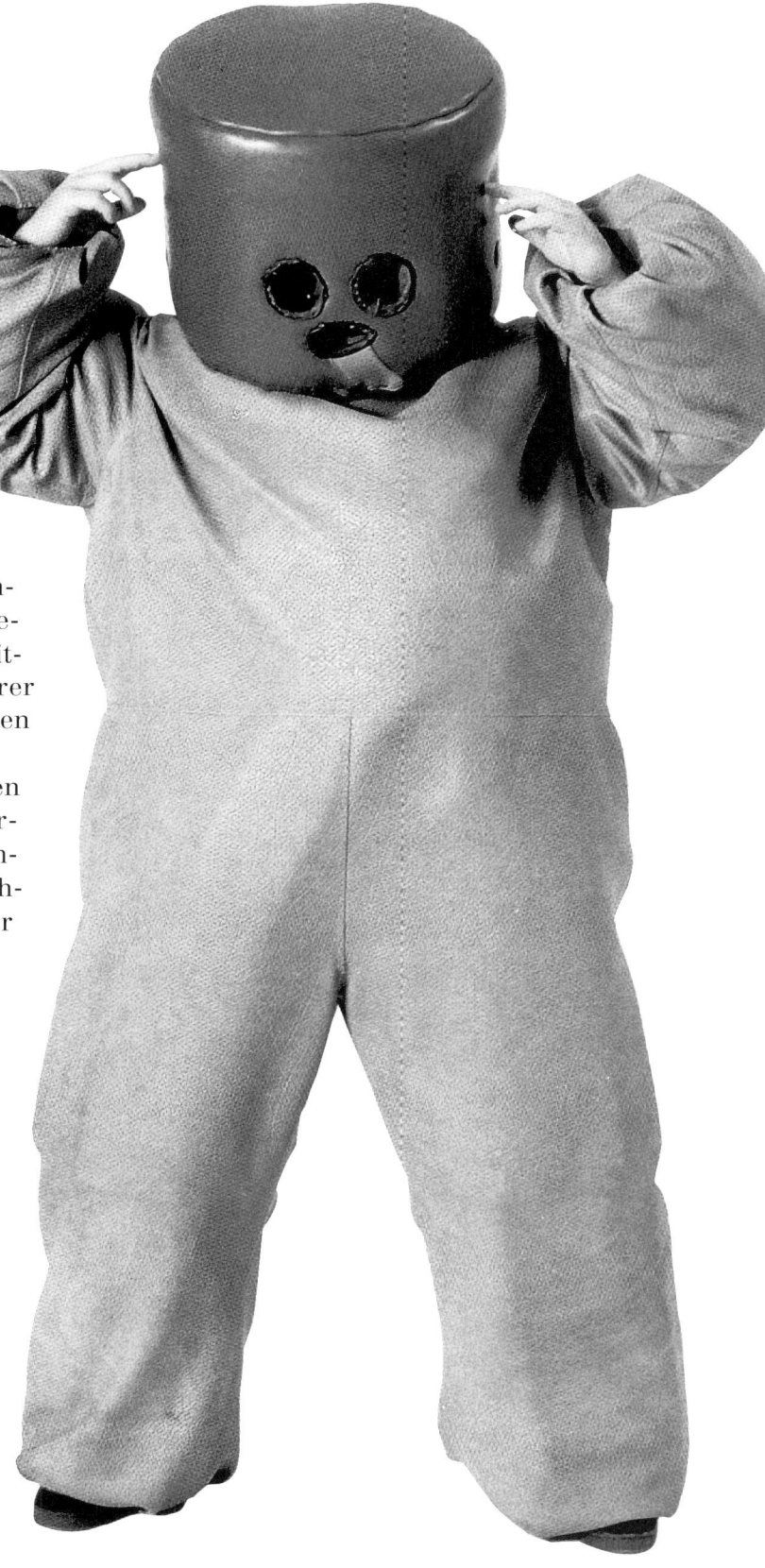

dem Gelernten. Es darf nie zum Spaß angewandt werden und ist vor allem auch kein Kinderspiel.

Deshalb haben wir Model Mugger eine Maxime aufgestellt: Wir schauen uns unsere Kursteilnehmerinnen vorher sehr genau an, ob sie genügend Reife und Verantwortung besitzen, um mit dem Instrumentarium unserer Verteidigungstechniken richtig umgehen zu können.

Ich möchte auch an alle Leserinnen und Leser appellieren, aus diesem Verantwortungsbewußtsein heraus zu handeln. Jugendlichen unter sechzehn Jahren sollte das Model Mugging nur unter zwingenden Umständen und dann nur mit dem Aufruf zu äußerster Vorsicht zugänglich gemacht werden. Selbstbehauptung ist notwendig und erlaubt, Aggression und Repression sind die Kehrseite der Medaille. Stellen Sie sicher, daß Model Mugging nicht für solche Zwecke mißbraucht wird!

Michael Kelm

MODEL MUGGING

DIE MITARBEITER AN DIESEM BUCH

Michael Kelm,
der das Buch angeregt hat, ist 36 Jahre alt und lebt in Hamburg. Er hat nach der Schulzeit eine Polizeiausbildung absolviert, dann aber bald als Instruktor für verschiedene physiologisch/neuromotorische Lernprozesse gearbeitet. Dazu gehörten sowohl Verhaltens- als auch Fitneß- und Rehatraining. Über die Erarbeitung von Fitneßprogrammen und Boxgymnastik für Frauen wurde sein Interesse an Selbstverteidigungstechniken geweckt. So stieß er 1988 in Boston auf die Model-Mugging-Idee, die er weiterentwickelte und als Selbstbehauptungstraining in Deutschland einführte. Er ist Lizenzgeber und Anleiter für die inzwischen in mehreren deutschen Städten angebotenen Model-Mugging-Kurse für Frauen.

Regina Conradt,
Autorin und Journalistin mit mehrjähriger Frauenzeitschriftenpraxis, arbeitet zur Zeit als freie Schriftstellerin in Berlin und München. Sie engagiert sich schreibend für Frauenprobleme im politischen wie alltäglichen Bereich, verfaßt Drehbücher für unterhaltende und dokumentarische Fernsehsendungen, schreibt Jugendromane, Sachbücher und natürlich auch weiterhin Zeitschriftenartikel. Von ihr stammt die Idee, die Model-Mugging-Methode einem möglichst großen Kreis von Frauen und Mädchen als Selbstbehauptungstraining zum Selberlernen zugänglich zu machen.

Cora Besser-Siegmund
ist Diplompsychologin in Hamburg, wo sie zusammen mit ihrem Mann in einem eigenen Institut neben der Psychotherapie auch verschiedene Fortbildungsseminare und Kommunikationstrainings anbietet. Sie hat eine Anzahl von Sachbüchern zu psychologischen Themen veröffentlicht, unter anderen das 1993 im Econ Verlag erschienene *Magic Words – der minutenschnelle Abbau von Blockaden*.

Doris Burger
studierte Sportwissenschaften, Geographie und Pädagogik in Freiburg, arbeitete aber nach ihrem Studium von 1986 an als Journalistin, unter anderem bei »Cosmopolitan« und »Für Sie«. Ihre Schwerpunkte sind Psychologie, Gesundheit und Fitneß. Seit 1993 lebt sie als freie Autorin in Hamburg.

Christine Trödel und Norman Mayr,
die zusammen mit dem schwedischen Fotomodell Sara Lundquist in diesem Buch die Model-Mugging-Techniken im Bild vorstellen, sind autorisierte Model-Mugging-Trainer. Wieviel Spaß und Engagement sie für die Sache aufbringen, ist wohl deutlich an den Fotos zu sehen.

Peter Eising,
der das Training fotografierte, studierte an der Bayerischen Staatslehranstalt für Photographie. Seit 1975 hat er in München ein eigenes Fotostudio. Sein Thema sind die Menschen; hauptsächlich macht er Reportagen und Porträts für diverse Zeitschriften, arbeitet aber auch immer wieder für Buchprojekte.

Ada Forster,
mit deren Hilfe aus den Manuskripten und den vielen Fotos dieses – so hofft sie – verständliche und sympathische Buch entstanden ist, hat ihren Beruf an der Fachhochschule München erlernt. Die Diplom-Grafik-Designerin arbeitet seit Jahren freiberuflich – auch als Illustratorin – vor allem im Verlagsbereich.

MODEL MUGGING

Liste der Notrufstellen in Deutschland

Aachen
Notruf – Tel. 02 41/3 44 11
Mariabrunnstr. 35

Ahaus
Beratung/Selbsthilfe –
Tel. 0 25 61/6 78 61
Windmühlenstr. 6

Alzey
Beratung über Frauen-
zentrum – Tel. 0 67 31/72 27
An der Hexenbleiche 7

Ansbach
Notruf – Tel. 09 81/1 73 77

Aschaffenburg
Frauen gegen Gewalt –
Tel. 0 60 21/2 74 58
Danziger Str. 3
SEFRA Selbsthilfe/Beratung
– Tel. 0 60 21/2 47 28
Bodelschwinghstr. 16

Augsburg
Notruf – Tel. 08 21/15 46 48

Aurich
Beratung bei Mißbrauch –
Tel. 0 49 41/6 51 12
Essener Str. 2

Backnang
Zentrum/Beratung –
Tel. 0 71 91/8 26 19
Aspacher Str. 74

Bad Oldesloe
Notruf/Beratung –
Tel. 0 45 31/22 77
Hagenstr. 16

Bad Segeberg
Notruf/Beratung –
Tel. 0 45 51/38 18
Kurhausstr. 30

Bamberg
Notruf – Tel. 09 51/5 28 88
Selbstverteidigung/Auskunft
– Tel. 0951/59557
Oberer Kaulberg 9

Bayreuth
UFO Unabhängige Frauen-
offensive – Tel. 09 21/9 54 44
Leopoldstr. 21

Beckum
Verein gegen Mißbrauch –
Tel. 0 25 21/62 68
Mühlenstr. 5

Berlin
Notruf – Tel. 0 30/2 51 28 28
Stresemannstr. 40
Telefon bei Überfällen –
Tel. 0 30/65 20 74
Gruppe Gewalt gegen Frauen
– Tel. 0 30/4 72 49 21
Elsa-Brandstroem-Str. 6

Biberach
Notruf – Tel. 0 73 51/81 51

Bielefeld
Notruf – Tel. 05 21/12 42 48

Bochum
Notruf – Tel. 02 34/33 76 66
Gruppe gegen Männer-
gewalt – Tel. 02 34/59 22 19

Bonn
Notruf – Tel. 02 28/63 55 24
Berliner Platz 31

Brandenburg
Frauenhaus –
Tel. 0 33 81/30 13 27

Braunschweig
Notruf/Gruppe gegen Gewalt
– Tel. 05 31/4 33 02
Magnikirchstr. 4

Bremen
Notruf – Tel. 04 21/1 51 81
u. 70 17 17
Dobbenweg 10

Brunsbüttel
Notruf – Tel. 0 48 52/70 27
Süderstr. 2

Celle
Brennessel, Frauen gegen
Gewalt – Tel. 0 51 41/1 23 16
Gruppenstr. 16

Chemnitz
Frauenhilfe –
Tel. 03 71/4 40 75
Hainstr. 34

Coburg
Notruf – Tel. 0 95 61/9 01 55

Cottbus
Frauenhaus –
Tel. 03 55/71 21 50

Darmstadt
Notruf – Tel. 0 61 51/4 55 11
Landgraf-Georg-Str. 120

Dortmund
Beratung –
Tel. 02 31/52 10 08
Schliepstr. 6

Dresden
Beratung – Tel. 03 51/3 52 75
Naumannstr. 8
Frauenschutzhaus –
Tel. 0351/332233

Duisburg
Notruf – Tel. 02 03/35 82 56
Grabenstr. 3

Düsseldorf
Notruf – Tel. 02 11/68 68 54
Ackerstr. 144

Ebersberg
Notruf – Tel. 0 80 92/2 20 70

ANHANG

Eckernförde
Notruf – Tel. 0 43 51/35 70
Jungfernstieg 69

Elmshorn
Beratung Sexueller
Mißbrauch –
Tel. 0 41 21/68 91

Emden
Frauenhaus –
Tel. 0 49 21/4 39 00

Erfurt
HautNah Beratung
bei Mißbrauch –
Tel. 03 61/2 60 63

Erlangen
Notruf – Tel. 0 91 31/20 97 20
Hauptstr. 118

Essen
Notruf – Tel. 02 01/23 54 69
Waldhausenstr. 13
Prävention von Mißbrauch –
Tel. 02 01/62 15 76

Esslingen
Wildwasser A.G. gegen
sexuellen Mißbrauch –
Tel. 07 11/35 55 89

Eutin
Notruf – Tel. 0 45 21/7 30 43

Flensburg
Notruf – Tel. 04 61/2 90 01
Marienstr. 31
Beratung Sexueller
Mißbrauch –
Tel. 04 61/2 18 07
Segelmacher Str. 15

Frankfurt/Main
Notruf – Tel. 0 69/70 94 94
Kasseler Str. 1a

Frankfurt/Oder
Frauenzentrum/Beratung –
Tel. 03 35/6 21 37
Bergstr. 155

Freiburg i. Br.
Notruf – Tel. 07 61/3 33 39
Schwarzwaldstr. 107
Anlaufstelle für vergewaltigte Frauen –
Tel. 07 61/2 85 85 85
Uni-Frauenklinik
Hugstetter Str. 55
Info gegen Mißbrauch –
Tel. 07 61/7 22 00

Freising
Beratung – Tel. 0 81 61/31 58

Friedrichshafen
Notruf – Tel. 0 75 41/2 18 00

Fürstenfeldbruck
Notruf – Tel. 0 81 41/4 22 77
Maisacher Str. 18

Fulda
Frauenhaus –
Tel. 06 61/5 67 22

Gera
Notruf – Tel. 03 65/5 13 90

Gießen
Notruf/Frauenhaus –
Tel. 06 41/3 14 38
Reichenberger Str. 7a

Gladbeck
Notruf – Tel. 0 20 43/6 66 99
Hochstr. 9
Selbstverteidigung/Auskunft
– Tel. 0 20 43/6 29 58

Göppingen
Notruf – Tel. 0 71 61/7 69 69
Lange Str. 8

Göttingen
Notruf – Tel. 05 51/4 46 84

Greifswald
Beratung – Tel. 0 38 34/34 63
Lange Str. 49

Groß Gerau
Notruf – Tel. 0 61 52/3 99 77

Gütersloh
Notruf – Tel. 0 52 41/1 73 55

Hagen
Wildwasser –
Tel. 0 23 31/1 58 88
Bahnhofstr. 41

Halle
Iris, Zentrum –
Tel. 03 45/2 69 89
Dornrosa, Selbsthilfe –
Tel. 03 45/2 51 29
Große Klausstr. 11

Hamburg
Notruf – Tel. 0 40/25 55 66
Hohenfelder Str. 28
Opferhilfe/Beratung –
Tel. 0 40/38 19 93
Paul-Nevermann-Platz 2–4
Allerleirauh, Beratung
bei Mißbrauch –
Tel. 0 40/2 79 56 51
Knickweg 11

Hameln
Notruf – Tel. 0 51 51/2 55 77
Bärenstr. 9

Hamm
Notruf –Tel.
0 23 81/4 40 43 60

Hannover
Notruf – Tel. 05 11/33 21 12
Bödekestr. 68
Beratung bei Mißbrauch –
Tel. 05 11/69 86 46
Gretchenstr. 30
Violetta Verein gegen
Mißbrauch –
Tel. 05 11/85 55 54
Marienstr. 30

Heidelberg
Notruf – Tel. 0 62 21/18 36 43
Selbsthilfeladen Courage –
Tel. 06221/840740
Mannheimer Str. 287

Heidenheim
Notruf – Tel. 0 73 21/2 22 52

Heilbronn
Notruf – Tel. 0 71 31/8 93 75

Herford
Notruf – Tel. 0 52 21/2 38 83
Beratung bei Mißbrauch –
Tel. 0 52 21/5 06 22
Höckerstr. 13

Herne
Notruf – Tel. 0 23 23/4 98 75

Hildesheim
Notruf/Frauenzentrum –
Tel. 0 51 21/3 85 29 u. 3 79 33
Annenstr. 23
Wildwasser –
Tel. 0 51 21/3 77 87

Hof
Notruf – Tel. 0 92 81/7 71 11

Itzehoe
Notruf/Frauenhaus –
Tel. 0 48 21/6 17 12

Jena
Frauenzentrum –
Tel. 0 36 41/2 23 36
Markt 21

Kaiserslautern
Frauenzuflucht –
Tel. 06 31/1 70 00

Karlsruhe
Notruf – Tel. 07 21/85 55 66

Kassel
Notruf – Tel. 05 61/77 22 44
Frauenhaus –
Tel. 05 61/89 33 39

Kempten
Notruf – Tel. 0831/14744

Kiel
Notruf – Tel. 04 31/9 11 44
u. 9 11 24
Knooper Weg 32

MODEL MUGGING

Liste der Notrufstellen in Deutschland

Koblenz
Notruf – Tel. 02 61/3 50 00
Firmungsstr. 32b

Köln
Notruf – Tel. 02 21/56 20 35
Beratung –
Tel. 02 21/42 12 82
Medusa, gegen Gewalt –
Tel. 02 21/54 21 39
Wildwasser –
Tel. 02 21/52 70 81
Herwarthstr. 12

Königswinter
Notruf – Tel. 0 22 23/34 03
Bismarckstr. 6

Krefeld
Notruf – Tel. 0 21 51/80 05 71
Nordstr. 97

Langenhagen
Notruf – Tel. 05 11/7 24 05 05

Lauenburg
Notruf – Tel. 0 41 51/8 13 06

Leipzig
Notruf – Tel. 03 41/31 27 85
Hardenbergstr. 24
Avalon Beratung
bei Mißbrauch –
Tel. 03 41/6 54 66
Löbauer Str. 49

Leverkusen
Notruf – Tel. 0 21 71/2 77 73
Kölner Str. 85

Limburg
Notruf – Tel. 0 64 31/2 40 50
Schaumburger Str. 3

Ludwigsburg
Notruf – Tel. 0 71 41/3 84 96
Hahnenstr. 47

Ludwigshafen
Notruf – Tel. 06 21/56 19 69

Lübeck
Notruf – Tel. 04 51/70 46 40
Marlesgrube 9

Lüchow
Notruf/Frauenhaus –
Tel. 0 58 41/54 50

Lüneburg
Frauenhaus –
Tel. 0 41 31/6 17 33

Lugau
Notruf – Tel. 03 72 95/25 77

Magdeburg
Frauenhaus –
Tel. 03 91/60 34 85
Wildwasser –
Tel. 03 91/5 61 51 53
Lübecker Str. 15

Mainz
Notruf – Tel. 0 61 31/22 12 63
u. 22 12 13
Prävention Gewalt –
Tel. 0 61 31/63 23 73
Raimundistr. 3a

Mannheim
Notruf/Hilfe für miß-
brauchte Mädchen –
Tel. 06 21/1 00 33

Marburg
Notruf – Tel. 0 64 21/2 14 38
Schloßsteig 1

Marne
Notruf – Tel. 0 48 51/83 16

Memmingen
Notruf – Tel. 0 83 31/53 23

Minden
Notruf – Tel. 05 71/2 07 02
Wildwasser –
Tel. 0571/87677

Mönchengladbach
Zornröschen,
gegen Mißbrauch –
Tel. 0 21 61/20 88 86
Regentenstr. 108
Frauenhaus Rheydt –
Tel. 0 21 66/160 41

Moers
Notruf – Tel. 0 28 41/2 86 00

Mühlheim/Ruhr
Notruf – Tel. 02 08/38 42 73
Teiner Str. 16

München
Notruf – Tel. 0 89/76 37 37
Frauenhäuser –
Tel. 0 89/64 51 69 u. 3 51 90 31

Münster
Notruf – Tel. 02 51/79 10 79

Neu-Ulm
Notruf – Tel. 07 31/7 37 37

Neuss
Notruf – Tel. 0 21 01/27 13 78

Neuwied
Arbeitskreis gegen
Mißbrauch –
Tel. 0 26 31/2 63 06

Nidda
Notruf – Tel. 0 60 43/44 71

Nienburg
Notruf – Tel. 0 50 21/6 11 63

Nordhorn
Beratung Sexueller
Mißbrauch –
Tel. 0 59 21/64 64

Nürnberg
Notruf – Tel. 09 11/28 44 00
Dillherrstr. 5
AURA Selbstverteidigung –
Tel. 09 11/28 46 29
Gostenhofer Hauptstr. 50

ANHANG

Oberhausen
Frauenhaus –
Tel. 0208/804512

Offenburg
Notruf – Tel. 0781/31000
Hildastr. 53

Oldenburg
Frauenhäuser –
Tel. 0441/47981 u. 71017
Wildwasser –
Tel. 0441/16656
Kaiserstr. 19

Olpe
Notruf – Tel. 07261/1722

Osnabrück
Notruf – Tel. 051/29300

Otterndorf
Notruf – Tel. 04751/3920

Paderborn
Notruf – Tel. 05251/21311

Passau
Notruf – Tel. 0851/72999

Peissenberg
Notruf – Tel. 08803/5522

Pforzheim
Notruf – Tel. 07231/64747
Mädchentreff/Beratung
Mißbrauch –
Tel. 07231/353434
Salierstr. 24

Potsdam
Frauenzentrum –
Tel. 0331/21475
Zeppelinstr. 189

Preetz
Notruf Frauenhaus –
Tel. 04342/82616

Rastatt
Notruf – Tel. 07222/69166

Ravensburg
Notruf – Tel. 0751/23323

Recklinghausen
Notruf – Tel. 02361/15457

Remscheid
Notruf – Tel. 02191/662466

Regensburg
Notruf – Tel. 0941/24259

Reutlingen
Notruf – Tel. 07121/11101

Rosenheim
Notruf – Tel. 08031/12677

Rostock
Frauenhaus –
Tel. 0381/454406/07

Saarbrücken
Notruf – Tel. 0681/36767

Salzgitter
Notruf – Tel. 05341/13033
Beratung bei Mißbrauch –
Tel. 05341/15600
Am Schölker Graben 34

Schleswig
Frauenzentrum –
Tel. 04621/25544
Gallberg 18

Schwäbisch Gmünd
Notruf – Tel. 07171/39977

Schwäbisch Hall
Notruf – Tel. 0791/85444

Schweinfurt
Frauenhaus/Beratung –
Tel. 09721/16598

Schwerin
Frauenzentrum –
Tel. 0385/812289

Siegen
Frauenhaus –
Tel. 0271/57700
Selbsthilfe Mißbrauch –
Tel. 0271/81587

Sindelfingen
Notruf – Tel. 07031/88798

Solingen
Frauenhaus –
Tel. 02122/54500

Speyer
Notruf – Tel. 06232/28833

Stadthagen
Notruf – Tel. 05721/91048

Starnberg
Notruf – Tel. 08152/5720

Stuttgart
Frauenzentrum –
Tel. 0711/296432
Beratung –
Tel. 0711/6494550

Trier
Notruf – Tel. 0651/19740

Tübingen
Notruf – Tel. 07071/51888

Uetersen
Notruf – Tel. 04122/41336

Ulm
Notruf – Tel. 0731/67775

Unna
Notruf – Tel. 02303/81991

Velbert
Notruf – Tel. 02051/85577

Villingen
Notruf – Tel. 07721/4476

Warendorf
Notruf – Tel. 02581/78018

Weiden
Notruf – Tel. 06785/440

Weinheim
Notruf – Tel. 06201/13760

Weimar
Frauenzentrum –
Tel. 03643/62955

Westerburg
Notruf – Tel. 02663/8678

Wetzlar
Notruf – Tel. 06441/46364

Wiesbaden
Frauenhaus –
Tel. 0611/51212
Wildwasser –
Tel. 0611/808619

Wismar
Notruf – Tel. 03841/2992

Witten
Frauenzentrum –
Tel. 02302/81411

Wolfsburg
Frauenhaus –
Tel. 05361/23850

Worms
Notruf – Tel. 06241/6094

Würzburg
Notruf – Tel. 0931/463299

Wuppertal
Notruf – Tel. 0202/311918

Zwickau
Frauenhaus –
Tel. 0375/294888

MODEL MUGGING

Liste der Notrufstellen in der Schweiz

Basel
Notruf – Tel. 061/26 18 98 9
Verein Prävention sexuelle Ausbeutung –
Tel. 061/43 01 68

Bern
Notruf/Beratung –
Tel. 031/21 07 07

Chur
Frauenhaus –
Tel. 081/22 38 02

Einsiedeln
Notruf – Tel. 055/53 30 30

Frauenfeld
Notruf-Tel. 054/21 80 82 u. 45 18 60

Genf
Notruf – Tel. 022/7 33 63 63

Lausanne
Frauenhaus –
Tel. 021/25 45 76

Luzern
Notruf – Tel. 041/22 80 50
Verein zum Schutz mißhandelter Frauen –
Tel. 041/22 70 70

Olten
Notruf – Tel. 062/26 26 45

St. Gallen
Frauenhaus –
Tel. 071/23 13 56

Schaffhausen
Notruf-Tel. 053/24 22 55

Winterthur
Notruf-Tel. 052/2 13 61 61

Zürich
Notruf – Tel. 01/2 91 46 46
Frauenzentrum –
Tel. 01/2 72 85 03
Castagna, Beratung Mißbrauch –
Tel. 01/2 91 49 49

Liste der Notrufstellen in Österreich

Bregenz
Notruf – Tel. 05574/2 36 01

Graz
Notruf/Beratung –
Tel. 0316/3 63 21

Innsbruck
Frauenzentrum –
Tel. 0512/58 08 39
Verein gegen Vergewaltigung – Tel. 0512/57 44 16

Klagenfurt
Frauenhaus –
Tel. 0463/4 49 66

Linz
Notruf – Tel. 0732/21 29

Neunkirchen
Notruf – Tel. 02632/6 89 71

Salzburg
Notruf – Tel. 0662/88 11 00

Vorarlberg
Notruf – Tel. 05574/2 30 61

Wels
Notruf – Tel. 07242/8 78 51

Wien
Notruf – Tel. 0222/93 22 22 u. 56 72 13
Frauenzentrum –
Tel. 0222/4 08 50 57

ANHANG

MODELL-MUGGING-KURSE IN DEUTSCHLAND

Augsburg
Studio Norman Mayr
Frauentorstraße 25
86152 Augsburg
Tel. 0821/564433 u.
668777

Norman Mayr, 29 Jahre, hat sich nach dem aktiven Kampfsport mit Selbstverteidigungstraining für Frauen beschäftigt und im Sommer 1993 bei Michael Kelm die Ausbildung zum Model-Mugging-Trainer gemacht.

Berlin
Studio Karl Paschek
Oranienburger Straße 204
13437 Berlin-Wittenau
Tel. 030/4142062
Fax 030/4142064

Karl Paschek war von 1974 bis 1982 Polizeibeamter im Vollzugsdienst und sportlich aktiv im Bereich Jiu-Jitsu-Allkampf, All-Style-Karate und Kickboxen. Seit Ende 1993 macht er Model-Mugging-Kurse für Frauen und bemüht sich um die (Mit-)Finanzierung dieses Selbstverteidigungstrainings durch die Krankenkassen.

Hamburg
Michael Kelm
Blumenau 158
22089 Hamburg

Lizenzinhaber für das »Selbstbehauptungstraining Michael Kelm, ehemals Model Mugging« – so lautet ab 1994 der eingetragene Name für das im Buch beschriebenen Model-Mugging-Training. Nur Kursangebote mit dieser Bezeichnung sind »echte«, also von Michael Kelm autorisierte Trainings, zu denen er selbst die Instruktoren ausgebildet hat.

München
Christine Trödel
Barerstraße 63
80799 München
Tel. 089/2722629

Christine Trödel ist ausgebildete Arzthelferin und Pharmareferentin. Sie fing im Alter von 13 Jahren mit Taekwondo an und war südbayerische Vizemeisterin. Zum Model Mugging kam sie, nachdem sie am eigenen Leib erfahren mußte, daß sie trotz der Kampfsporterfolge bei einem tätlichen Angriff versagt hatte. Von der Wirksamkeit dieser Methode ist sie sofort überzeugt gewesen und ließ sich von Michael Kelm zur Model-Mugging-Trainerin ausbilden. Sie sagt: »Jetzt habe ich das richtige Selbstvertrauen und die Selbstverteidigungstechnik gelernt, durch die ich mich jedem Angreifer physisch und psychisch gewachsen fühle.«

Saarbrücken
c/o Fit + Gesund
Frank Riemer
Holzer Straße 10–12
66265 Heusweiler
Tel. 06806/79765 u. 5640

Frank Riemer war von 1981 bis 1986 aktiver Leistungssportler (Ringen, Freistil), danach Trainer im Bereich Kraft- und Ausdauertraining und studiert seit 1989 Sport- und Erziehungswissenschaften mit dem Ziel Diplomsportlehrer. In der Methodik des Selbstbehauptungstrainings von Michael Kelm sieht er eine optimale Abwehrmöglichkeit für Frauen und Mädchen.

Das sanfte Gesun
aus dem Mo

Micheline Arcier
Wohltat der Düfte
144 Seiten, 92 Farbfotos,
11 farb. Illustrationen
ISBN 3-576-10080-6

Lam Kam Chuen
**Energie und
Lebenskraft durch
Chi Gong**
192 Seiten,
192 farb. Illustrationen
ISBN 3-576-10151-9

Robin Hayfield
**Homöopathie
bei Beschwerden**
96 Seiten, vierfarbig
ISBN 3-576-10309-0

Nitya Lacroix
**Vollkommen relaxed
durch Massage**
128 Seiten, 200 Farbfotos
ISBN 3-576-10188-8

Sara Thomas
**Massage bei
Beschwerden**
96 Seiten,
205 Abbildungen
ISBN 3-576-04639-9

Anne McIntyre
**Heilkräuter
bei Beschwerden**
96 Seiten,
94 Illustrationen
ISBN 3-576-10154-3

Lucy Lidell
**Die neue Schule
der Sinnlichkeit**
192 Seiten, 57 Farbfotos,
286 Illustrationen
ISBN 3-576-05712-9

Erhältlich überall dort, wo es Bücher gibt.

dheitsprogramm
saik Verlag

Paul Lundberg
Die heilende Kraft des Shiatsu
192 Seiten, 242 Farbfotos
ISBN 3-576-10153-5

Shirley Price
Aromatherapie bei Beschwerden
96 Seiten, 21 Farbfotos, 84 Illustrationen
ISBN 3-576-10040-7

Julian und Susan Scott
Naturmedizin für Frauen
192 Seiten, 24 Farbfotos, 90 farbige Illustrationen
ISBN 3-576-10152-7

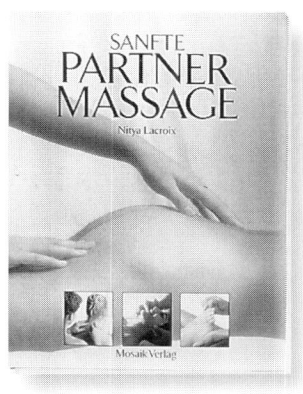

Monro/Nagarathna/Nagendra
Yoga bei Beschwerden
96 Seiten, 21 Farbfotos, 83 Illustrationen
ISBN 3-576-02535-9

Nitya Lacroix
Sanfte Partnermassage
128 Seiten, 255 Farbfotos
ISBN 3-576-08533-5

Mosaik
Die neuen Seiten des Lebens

Dr. Stephen Carroll/
Dr. Tony Smith (Hg.)
Body & Life
320 Seiten, vierfarbig
Lam. Pp. **49,90 DM/
384,– ÖS/50,90 SFr.**
ISBN 3-576-10279-5

Erhältlich überall dort, wo es Bücher gibt.

Rundum ein komplettes Programm zur gesunden Lebensführung

Dieser Ratgeber hilft Ihnen, an allen Lebensbereichen die beste Wahl
für Ihre Gesundheit zu treffen. Er sagt Ihnen, wie es um Ihren Allgemeinzustand bestellt ist,
und enthält informative Kapitel zum Thema Ernährung, Fitness und Streß.

Mosaik
Die neuen Seiten des Lebens